培养独立自信的孩子

父母给孩子的 **9** 种成长必备技能

Raising Independent, Self-Confident Kids

Nine Essential Skills to Teach Your Child or Teen

（美）温迪·L.莫斯（Wendy L.Moss）
（美）唐纳德·A.莫塞斯（Donald A.Moses） 著

韩 茹 译

全国百佳图书出版单位

化学工业出版社

·北京·

本书中文简体字版由 American Psychological Association 授权化学工业出版社独家出版发行。

本书仅限在中国内地（大陆）销售，不得销往中国香港、澳门和台湾地区。未经许可，不得以任何方式复制或抄袭本书的任何部分，违者必究。

北京市版权局著作权合同登记号：01-2022-5630

图书在版编目（CIP）数据

培养独立自信的孩子：父母给孩子的 9 种成长必备技能 /（美）温迪·L.莫斯（Wendy L. Moss），（美）唐纳德·A. 莫塞斯（Donald A.Moses）著；韩茹译. —北京：化学工业出版社，2023.7

书名原文：Raising Independent, Self-Confident Kids：Nine Essential Skills to Teach Your Child or Teen

ISBN 978-7-122-42157-9

Ⅰ.①培… Ⅱ.①温… ②唐… ③韩… Ⅲ.①家庭教育 Ⅳ.①G78

中国国家版本馆CIP数据核字（2023）第066738号

责任编辑：战河红　肖志明　　　　　　　装帧设计：江晶洋
责任校对：边　涛

出版发行：化学工业出版社（北京市东城区青年湖南街 13 号　邮政编码 100011）
印　　装：中煤（北京）印务有限公司
710mm×1000mm　1/16　印张12³⁄₄　字数 150 千字　　2023 年 8 月北京第 1 版第 1 次印刷

购书咨询：010-64518888　　　　　　售后服务：010-64518899
网　　址：http://www.cip.com.cn
凡购买本书，如有缺损质量问题，本社销售中心负责调换。

定　　价：59.80 元　　　　　　　　　　版权所有　违者必究

我将本书献给我的父母——哈罗德和格洛丽亚。

我的父亲哈罗德认为只有学会成为负责而独立的成年人这一课，才能够过上美好、健康的生活。我的母亲格洛丽亚告诉我，生活中要"充满爱、欢笑和乐趣"。

——温迪·L.莫斯，博士

我将本书献给我的父亲——爱德华·莫塞斯，他是一位心理学家和学校校长，他常常说："请记住，在抚养孩子的过程中，最困难的是前75年。"

——唐纳德·A.莫塞斯，医学博士

译者序一

看到新生命降生的那一刻，父母就会赋予生命美好的祝福和期许。可能是孩子能够健康平安，也可能是快乐幸福，也可能是美丽富有，也可能是功成名就，也可能是快意人生……这些都是养育目标的雏形。

培养独立自信的孩子是西方父母养育孩子的重要目标，正如当下时髦的话"母爱是一场体面的退出"。养育孩子的过程就是看到孩子的背影渐行渐远，看到孩子能够撑起自己的一片天地，父母会在身后为他鼓掌。

独立自信是否会成为我们中国父母的养育目标？

家长们会希望孩子能够自食其力，能够独当一面，能够充满信心地去应对这个精彩纷繁又充满不确定性的世界。

同时，有些家长也会对孩子的成长和独立怀着焦虑和担忧的心情，这些都会通过语言和（或）非言语的形式传递给孩子。家中的孩子能否成为一名靠谱的大人？需要监督吗？需要保护吗？能够做出靠谱的决定吗？能够靠谱地执行吗？等等。当这些问题萦绕在大脑中的时候，说明培养独立自信的孩子尚需时日。

在这个漫长的养育过程中，孩子独立成长的空间需要多大？什么时候需要直接或间接支持？这些问题是需要视情境、文化、孩子的特点、亲子关系等具体情况而具体解决的。

当然，人们拥有某种养育目标时，自然就会有一系列与之配套的养育理念和方式。这里提到的养育理念和方式是与之配套的，而非与之适应的，这是因为存在这样一个问题，所拥有的理念和方式不一定与养育目标相一致或相互契合。这也是为人父母过程中有可能觉察出来的方面。

本书在确定以"培养独立自信的孩子"为养育目标的基础上，提出和探讨了一系列相关的养育理念和具体操作方法。正像本书中提到的："采用一套以独立为导向的养育哲学，可以帮助你在整个过程中做一致性的选择，并且能够感到较小的压力。"

同时，这本书像是一本独立自信儿童养成手册，操作性非常强。从了解孩子和父母自己开始，排除或发现相关的问题，并且提供相应的应对技巧学习机会，并调整养育方式。而且这本书会针对每个相关问题，根据这个问题的不同年龄段需求进行一些详述，有的章节甚至对婴儿、学步儿、青少年初期、青少年后期、成年早期进行逐一详解。

本书围绕培养独立性的孩子为目标，培养孩子持有自信的态度，促进孩子拥有执行功能技能、决策能力、挫折耐受力、自我监督能力、社交技能这些能力，孩子能够独立恰当地应用电子设备，以及在特殊情况下如何养成独立的孩子。

当然，任何一本书都做不到面面俱到，养育这项长期且要付出极大心力的工作更不可能存在所谓的唯一标准，养育需要父母具备自信心、爱心、耐心、创造性、灵活性，因此读者需要在掌握基本原则的基础上灵活应用相关的方法。

韩茹
中国科学院心理研究所

译者序二

一、本书契机

这是第二次为本书写序，当本书正式出版时已经到了2023年。感觉时过境迁，这期间很多事情都发生了变化，我们的生活方式、工作形态也都纷纷发生着改变。

这个世界在变化，我们每个人也需要适应新的变化。当课堂搬到线上，孩子们需要在家里上网课时，当有些家长必须上班而留下孩子单独在家时，我们比任何时刻都希望孩子能够自主地上网课、完成学校布置的课后作业，也希望孩子能够独立做一些力所能及的家务，包括收拾房间、自己能做简单饭菜、照顾好自己的饮食起居，等等。

父母们没有比现在更为急切地希望孩子能够赶快独立自主的时候了。独立自主的期待之外，还有另外一种期待久久盘桓于父母的心中。

二、父母的矛盾心理

在孩子成长过程中，父母看着孩子们茁壮成长，他们都会非常高兴。而关于独立自主，父母的内心可能一直有着两种声音：一种声音希望孩子能够自食其力，成家立业；另一种声音希望孩子能够"听话"，依从于父母的判断和决定。细究起来，前者是更多基于一个生物体存在的经济独立和生活工作能力的独立，需要具有物质独立和精神、能力的独立自主状态；而后者更多是基于一个社会人的精神独立和思考决策能力的独立，听话从某种程度上来说是"绝对信任父母的判断和意愿，并且听从于他们"，这种精神和能力的不独立自主状态。

这种悖论就存在于我们的一念之间，我们往往可能都很难觉察到这两种不同声音的存在，甚至我们常常会认为这两种声音是完全兼容且天经地义的。然而孩子可能比我们要敏感得多得多，他们常常能感受到这种冲突和矛盾，如何做选择也成为他们的一个难题。如果听话，那还能独立自主吗？如果独立自主，还需要听话吗？可能孩子会在两者之间摇摆不定，有时则会选择其一。这种冗余信息的存在，无疑会耗散孩子的很多注意力、精力，同时也可能让孩子形成不知所措、犹豫不决的决策风格。

三、这种矛盾心理的原因和可能的影响

父母常常会认为，孩子听话是比较高效和舒适的亲子沟通方式，同时也是最佳亲子沟通效果。听话在亲子关系中表现为，从认知上孩子需要信任父母的判断，而且是不用思考地去接受父母的判断，或者全盘接受父母的思维逻辑；从行为上孩子表现出对父母意愿的顺从，跟随父母的指导行事而不偏颇；从情感上孩子和父母保持亲密的联结，而且保持着父母认为舒适的社交距离。

这对于父母而言，看似经济高效地把孩子塑造成自己想要成为的样子，然而，孩子也逐渐失去了探索自我和成为自己的可能性。这种情况下，孩子想要达到独立自主，从认知、行为和情绪方面都很难达成。

对于父母而言，如果孩子能够独立自主，能够有值得信赖的判断力和执行力，那么父母何苦要花大把时间和精力去管理孩子生活的方方面面呢？很多父母抱怨道：我何尝不想放手，但就怕一放手就一团糟，一放手就成绩下滑了，一放手就离不开网络游戏，一放手就……

这些担忧并非空穴来风，父母们曾经小心翼翼地尝试过，或者有时是在某些迫于无奈的情况下就范过，而结果和他们的担忧相似，这就坚定了抓紧不放的策略。

对于孩子而言，如果父母给予信任和空间，那么孩子们自由探索未知的世界是一种本能和乐趣所在。如果自己的成长是自己的课题，而非父母的课题，那么担负起其中的职责也会显得那么自然而然。如果生活空间里充斥着父母的指导、评价、监督和控制，那么在任何时刻寻找透气的空间似乎成为必然，而且无论这种空间是现实的还是虚拟的，是建设性的还是破坏性的。

四、解决途径

独立自主也似乎成了亲子双方博弈的焦点。罗马不是一日建成的，双方的僵持状态也并非一日铸就。同样，父母想要一下打破困境也太过理想化，这需要一点一滴的努力集合而成。那么，如何从小培养孩子独立自主的品质，这就成为了一个更好的问题。

《培养独立自信的孩子》这本书为父母提供了各年龄段培养的方案，值得一提的是，每章开端还有这个发展阶段孩子的父母用以自测的问题，这些问题也可以促进父母进行自我觉察和反思。

韩茹

中国科学院心理研究所

前 言

养育孩子是一种愉快的、有益的和特殊的体验，然而也往往会充斥着不确定性、压力和焦虑。当你的孩子是一个婴儿或学步儿时，你可能会绝望地问，他什么时候才能睡着？当你的孩子上小学（甚至上初中或高中）时，你可能会困惑，我应该给他提供多少帮助呢？当你的孩子成为青少年时，你可能会想，我应该鼓励他参加暑期工作吗？如果我不叫他，他能按时起床工作吗？甚至当你的孩子进入大学、开启职业生涯乃至为人父母后，这些问题好像从来都是没完没了。

儿童或青少年发展的每个阶段，都会给孩子带来独特的挑战，同时也会带来希望和美好的时光。在各种情况下，很多人都会一遍遍地问这些基本的问题：我什么时候介入？我什么时候旁观？本质上，这是关于独立性的问题。孩子能有多大程度的独立性呢？你应该给孩子提供多大程度的支持和指导，而不是帮他做事呢？

所有年龄段的儿童和青少年都能学会独立的技能。本书是为准父母、寄养父母、领养父母、婴幼儿父母，以及幼儿园到高中孩子的父母准备的。希望本书中的方法可以适合你孩子的年龄、独特的性格和能力，助其成长为一个健康、有能力的人。

对年幼的孩子来说，独立性可能意味着自己吃饭不用喂，或者意味着拿出一个新玩具之前把旧玩具放好。对学龄儿童来说，独立性可能意味着在没人监督的情况下，能够主动在固定时间做家庭作业。对青少年来说，独立性意味着在有特殊情况时能够做正确的事情，或者可能是向父母、老师、邻居或其他成年人寻求建议。比如，一名青少年可能会向他的游泳教练请教，在一场大型游泳比赛之前应该吃些什么。

独立性并不意味着什么事都是孩子自己做，而是意味着他们知道什么时候可以自己做事，而且应该自己做事，而什么时候应该向别人寻求帮助。毕竟，作为一名成年人的重要部分，就是知道何时求助专家，何时自力更生。

我们作为与家长和家庭打交道几十年的专业人士，知道许多家长竭力想要教会他们的孩子成为能够自给自足和独立的人。有些父母非常吃力，然而有些看起来毫不费劲就为自己的孩子找到了正确的道路。我们希望在你阅读本书中的提示和建议后，能让你的育儿之旅变得轻松自如。

通过我们的临床工作，以及发展心理学和精神病学的研究，我们提炼了一些关键策略和技术，以帮助父母培养更为独立的儿童和成年人。我们从儿童和青少年的经历中学到了很多，我们写出这本书，是为了让作为父母的你能够更轻松地去养育自信的孩子，让他们成长为独立的成年人。

当你读这本书的时候，你将有机会反思你的养育方式，以及你的孩子的性格特点和能力。每一章的开篇会有一个关于养育方式的调查。在阅读每个话题之后，请你回顾你的回答。这个调查会提出"你会怎么做？"的问题，场景则是在你抚养不同年龄段孩子的各个阶段。如果场景中孩子的年龄比你的孩子当前年龄偏大一点，那么请你想象一下，你将来可能会怎样处理这种情况。比如，如果是关于驾驶的场景，而你的孩子还没有达到驾驶年龄，那么这可能是你开始思考以后会如何养育的好时机。我们也鼓励你去回想，在你的孩子小时候你所做过的事情，或者你希望当时能做得更好的事情。如果你正在抚育一名青少年，你可能担心自己错过了教孩子独立的一些早期课程，那么你也不需要感到恐慌：生活会给予你许多再次尝试的机会。记住，青少年的身体成熟完成要先于大脑成熟，你还有时间训练他们的大脑养成新习惯！

在第一章和第二章里，我们给独立性进行定义，并提供一些在不同发展阶段里，你可以培养孩子自主性的方法。我们发现，在孩子从学步儿成长为成年人的过程中，有一些关键因素有助于培养他们的独立性。当孩子具有自信心，而不是自大或缺乏自信时，他们可能会更愿意承担一些健康而适宜的风险。虽然孩子冒险可能看起来很可怕，但是健康的风险对成长来说至关重要。而实际上，那些有足够自信去冒险的孩子，往往也有足够的自信去接受那些他们所信任的成年人的指导。

第三章是教孩子学会目标管理，确定优先顺序和启动任务，并在他朝着目标努力时坚持下去。这些技能是成长的必修课，也是在处理任务、工作时需要的执行能力。

许多孩子在某个特定的时间，会依着自己的愿望做出冲动性的决定。这是在形容你的孩子吗？如果是这样的话，你可以从第四章中学到一些方法，帮助他为对短期目标和长期目标做出深思熟虑而富有成效的决定。

第五章涉及耐心和挫折的问题。我们所有人都会在有些时候感到沮丧。这一点并不能用以区分健康独立的成年人和那些决策困难的成年人。然而，在需要的时候，挫折耐受力是通向成功的一种重要能力。

当孩子能够监督自己的行为和决定时，他们就已经对自给自足准备得很充分。请参见第六章中有关培养孩子这个技能的方法。

第七章聚焦于社交能力，以及如何教儿童和青少年理解和回应社交线索。我们也讨论到，他们的行为和反应会如何影响他们与朋友、老师、熟人以及其他在社会上遇到的人之间的社交效果。

我们的社会技术先进，这会给父母和孩子提供很多东西，但是也会带来一些陷阱和障碍。帮助孩子获得一种健康的导航能力来穿越技术迷宫，这也非常重要。第八章将探讨这个话题。

最后，第九章探讨有些孩子可能面临的特殊情况（比如，父母离异、失去亲人、学习障碍、重组家庭），以及父母如何才能将这些经历作为培养应对策略和成熟度的学习机会。

在整本书中，我们提供了很多案例，来强调提出的观点。大多数案例来自我们多年来支持过的数百位家长和孩子的故事，其他一些案例也是根据真实人物的经历，以此来说明如何才能给不同年龄的儿童和青少年传授独立性的技能。我们希望你看到过去、现在和将来的你以及你的孩子，并且在这些情境中进行反思。我们也希望你能将这些案例作为榜样和跳板，在和其他家长交流时，你可以寻求并分享建议。如前所述，本书中传授的技巧拥有许多正确的方法，以及无尽的变化方式。

我们在本书中经常提到"你的孩子"，是因为我们知道每个读者有着不同数量的孩子。如果你的生活中有一个以上的孩子，那么我们可以想象，一个孩子可能需要学习社交技能，而另一个孩子可能需要在其他领域获得更多的帮助。因为没有两个孩子是完全相同的，所以养育孩子总是一个有趣的冒险之旅！我们的想法是，帮助你以适合每个孩子的年龄、个性和特点的方式，来教授孩子这些技能。

目 录

第三章

执行功能技能：教孩子学会目标管理 / 042

第四章

决策能力：引导孩子做出正确的决定 / 063

第五章

挫折耐受力：发展孩子克服障碍的耐心和能力 / 080

第六章
自我监督能力： 教孩子学会审视自我 / 100

第七章
社交技能： 建立孩子的社交能力 / 121

第八章

独立使用电子设备：教孩子学会权衡利弊 / 145

第九章

特殊需求孩子的独立能力：在特殊情况下养育独立的孩子 / 167

第一章

独立性：
帮孩子在依赖和独立之间找到平衡

什么时候让孩子学会独立，什么时候要帮助孩子，你会纠结吗？如果会，那么你并不孤单。对于新生儿，这显而易见。健康的新生儿可以独立地完成一些基本生活功能，比如呼吸，但是显然他们无法自己进食、穿衣，更无法清洁卫生或承担做家务的责任。例如，对小婴儿来说，吸手指或找到一个喜爱的小毯子，是独立安抚自己的最初迹象。到学步儿阶段，许多孩子会寻求短暂的完全独立。例如，从妈妈那里走开，并为自己有能力这么做而感到自豪，但他很快又会回头看，以确保妈妈还在那里，这是幼儿的经典实验，他们尝试着短暂的独立生活。如果孩子在独立探索时间冒险离开后，无法找到自己的父母，那么他们可能会感到十分恐慌。你曾经看到过自己的孩子有这种反应吗？

找到在寻求独立和希望得到照料这两者之间的平衡，是我们每个人在人生各个阶段都经历过的事情。你的挑战在于怎样帮助孩子变得越来越独立，即使有时候他更希望你来为他处理某些状况。在你不断的鼓励之下，孩子可以学着坚持去完成对他来说合理又可达成的一项任务，即使在他掌握这项任务之前需要许多尝试，他也可以坚持。然而，这个过程需要你特别有耐心，这是因为往往你自己处理这个情况会更快更简单。

将孩子抚养成为独立的成年人，这是一个长期目标。孩子不会在某个特定年龄突然变得独立，这不像特定的里程碑事件，比如，如厕训练或是掉乳牙。发展独立性的技能是一个过程。时间框架取决于孩子的年龄、性格、生活经验，以及你的指导和示范。

在你继续阅读本章之前，花一点时间来反思，什么时候你会允许（甚至是鼓励）孩子独立处理任务，什么时候你会介入和指导，甚至完

对于以下每项条目，根据你的回答，在横线上填写你认为最合适的数字：

1=从不，2=偶尔，3=常常，4=非常频繁，5=总是

_____如果我的孩子（10岁）告诉我，他和朋友之间出现点问题，那么我会先听听他处理问题的想法，然后我会提供其他的建议，但是，除非我认为事态非常严重，否则我不喜欢直接给其他孩子父母打电话。

_____如果我的孩子完成学校任务很吃力，那么我会倾向于接手处理这个任务。

_____我倾向于忽视我的孩子（12岁）不做家务的事实，因为对我来说自己做更容易更快捷。

_____我的孩子（5岁）在学习系鞋带的时候，我允许他有点吃力，因为我们练习过，我认为他能做好，并为他的努力而感到自豪。

_____在我知道事情超出孩子目前的能力范围时，我乐意接管（比如，他试图告诉比他大的孩子别再打他，但不起作用）。

_____我会允许有责任感的女儿（16岁）放学后承担一份适龄的工作，并管理自己的零花钱，我对此感到很放心。

全处理那些状况。如果你的孩子已经超过能独立处理的年龄，那么反思一下过去你处理这种情况的方法；如果你的孩子还没有达到能独立处理的年龄，那么想象一下你会如何处理这种状况，或者你希望自己如何应对。这个快速练习不是对你为人父母的测试或评价，然而这可能会帮助你反思自己养育孩子的方式。

独立性究竟是什么？

在生活中，有没有可能完全独立呢？在某种程度上，这有赖于你对独立性的定义。想想在你认识的人当中，有多少人自己种植水果和蔬菜，饲养家畜以获得肉食，缝制自己的衣服，处理自家的电器和管道工作，有问题的时候自己修车，等等。可能也有人在过着这种方式的生活，但是对我们大多数人来说，有时候依赖别人也是正常的（甚至更好）。

　　20岁的爱德华多准备驾车回家，他想在出城前加满一箱汽油，这样在回家途中他就不用考虑加油的事了。可当爱德华多到常去的加油站时，发现加油站已经没有油了。在他感到一阵烦恼之后，他继续驾车前往下一个加油站加足了油。虽然出城的时间比预计长，但是他没有感到焦虑和担心，只是有一点烦恼而已。虽然爱德华多依靠其他人提供给他需要的汽油，但是他有足够的独立性，在问题变得紧急之前，就能想出办法满足自己的需求。

　　遗憾的是，当乔治驾车回家的时候，他意识到自己的车在一片广阔的草原中汽油不足。他发现顺着路下去有一个加油站，并且开始担心没有足够的汽油开到那里，或者开到其他附近的加油站。乔治依赖于这个加油站，并且开始感到恐慌。

在生活中，当我们依赖其他人并且没有备选方案时，在一个计划泡汤或无法实现时，我们常常会感到焦虑，这种焦虑甚至可能会导致独处时的惊恐发作和一种挥之不去的恐惧。而当我们有解决问题的多种选择时，让我们感到欣慰的是，如果一种解决方案不奏效，那么还有其他方案可以选择，并且还可以向其他人寻求帮助。知道何时求助以及何时需要自力更生，这是成为独立的思考者所需要具备的能力。

独立性意味着：

• 在别人的帮助下，你有信心能够照顾好自己，或者能够寻求他人帮助来满足自己的需求；

• 你了解自己的优势，并且在这些领域依赖于你自己；你知道并可以接纳自己的短处；

• 你对自己的想法、观点充满信心，并且知道什么时候要重新思考你的观点。

此外，一个能轻松"跳出框框思考"的孩子可以提出有创造性且现实的想法，并且知道什么时候请教别人。这样的孩子可能会成长为一个独立的成年人，有可能成为一名企业家或者为他将来所从业的公司完善现有的方法。你可能已经注意到，在帮助孩子学会遵守某些规则来简单管理世界和帮助孩子为他们的世界找到新的或具有创造性的道路之间，有一条细小的界限。

然而，有些人在确定自己有能力独自处理挑战之前，就先向别人求助，依赖就会产生。这样做的人可能会错误地认为，他们自己无法处理新的或困难的情境，也会认为自己缺乏勇气和自信去追寻他们拥有的创造性想法，而其他人可以更好地处理这个状况。

当然，传统观点认为，年轻人做决定之前应该征求年长者的意见，这会让年轻人越来越有经验。这并不是依赖的标志，而是为了表达尊重和收集信息。正常的求助和不正常的依赖二者之间的区别表现在，你是否知道自己可以完成任务并获得成功。依赖性是你明知道可以完成任务，但是因为你不想感受尝试的压力和焦虑而回避任务。这也可能意味着你觉得自己无法完成任务，因此你不去尝试，而是依靠别人来帮你完成任务。独立的人则会认真思考自己的技能，能够意识到他们在特定领域方面需要帮助，并且能够得到适宜的支持。

当孩子在寻求独立时，对他们来说，知道在必要时寻求帮助是一种有勇气的标志。你可以通过示范自己如何在压力状态下处理障碍、挑战和情绪，给孩子提供很好的典范。在孩子的一生中，你都可以这样做（请记住，为人父母不会停止，甚至在你的孩子已经为人父母之后）。通过展示独立处理和寻求帮助的能力，你为孩子树立了一个榜样。

接下来，我们会回到主题，引导孩子独立做一些事情，以及在需要时接受别人的帮助。

如何在不同阶段寻求独立性的平衡点？

孩子通过自己的直觉和大人的指导，通常会发展出许多管理自己的愿望和实现自我需求的能力。然而，不是所有孩子都会遵循同样的时间框架。如果你发现你的孩子远没有获得某个年龄所需要的典型技能，那么你可以咨询一下儿科医生，了解一下这是不是问题，或者说孩子的发育是不是还在正常生长曲线范围内。

孩子在面对寻求独立和继续享受早期依赖的舒适感这二者之间的冲突时，也会经历许多不同的阶段。

学步儿阶段

至今为止，你可能已经很清楚地意识到"可怕的两岁"这个概念。在这个年龄，学步儿知道了"不"这个词的威力。在允许孩子如己所愿和否决他们的选择之间，你必须要找到微妙的平衡。很显然，必须要否决任何会置孩子于险境的情况，比如，他想要跑着穿过马路。

布雷迪想要自己穿衣服，并且对妈妈给他穿的每件衣服都会不停地说"不"，他想要变得独立，并且自己决定穿什么衣服。虽然布雷迪的妈妈希望布雷迪能穿得更符合大人的审美，但她知道布雷迪对衣服的偏好并没有什么危险。经过几次筋疲力尽的"战斗"之后，布雷迪的妈妈决定，她要制订一个规则，这样不仅可以让母子关系变得更和谐，也可以让布雷迪对穿着有一些自己的选择。她允许布雷迪在"趣味穿衣星期六"自由搭配衣服，只要他穿着不暴露，并且不会造成伤害（比如穿哥哥太长的裤子会让布雷迪绊倒和摔跤），他就可以按照自己的想法选择穿着。而在"趣味穿衣星期六"，布雷迪拒绝穿鞋外出时，因为不穿鞋可能会导致他的脚受伤或不被允许进入某些场合，所以，布雷迪的妈妈保留了否决他的权利。虽然布雷迪的妈妈允许布雷迪独立做一些决定，但是她也有严格的规定，比如布雷迪在有人帮助的情况下可以自己刷牙，吃饭只吃健康的食物。

除了危险情况之外，你对一个两岁的孩子所说的"不"经常做出肯定，这点非常重要，即使这有可能养成孩子否决的习惯。这样做，你能帮助孩子建立自信心，并且赋予他力量来表达观点和坚持主张。这些技巧非常关键。毕竟，当有陌生人问孩子名字的时候，或者在一个成年人或其他孩子故意不适当地触碰他时，你希望孩子知道他有权利拒绝。

随着控制感的萌发，独立探索的好奇心也会在2岁到3岁期间发展出来。

萨曼莎在百货公司从妈妈身边独自跑到玩具区域。几分钟后，当她意识到妈妈不在自己身后时，她惊慌失措地大哭起来，直到妈妈的到来。萨曼莎想要独立，并寻找自己的目标，然而她又希望妈妈就在附近。

这个例子就是关于孩子寻求独立以及想要被照料和依赖的舒适感之间的冲突。

有时候令人困惑的是，在孩子长大后，会和学步儿阶段的反应变得不同。比如，学步儿仍然在学习语言来表达他们的需求，因此，当他们想要一些东西的时候，他们可能会用手指着、做手势、嘟囔着、说出一个完全没有意思的词，如果他们没有得到想要的东西，他们甚至可能最终会哭闹、尖叫或用脚踹。当学步儿烦躁的时候，他们会比许多大孩子更难去减缓或停止汹涌澎湃的愤怒或恐惧。当你决定用一种策略来帮助孩子平静下来时，要考虑一些因素，比如他的发展阶段和特定的优势或者问题，以及挑战——比如他是否拥有丰富的词汇量，或者他是否很难克服愤怒或噘嘴的行为。

想象一下，你的孩子在玩具店想要买一个玩具。当你的孩子是一个学步儿时，他可能会试图去拿它，但又无法用语言向你表达他的愿望。当遇到挫折时，他可能会感到伤心、失望或愤怒。然而，当你的孩子已经7岁时，他可能会要求买玩具，而不只是伸手去拿玩具。当他的要求被拒绝时，他可能会向你用语言更好地分享他的感受。你不得不对不同阶段的孩子采用不同的方法，帮助他平静下来，并且接受你的决定（或你的妥协）。对于那些不能立刻得到想要东西的学步儿来说，尽管沮丧的情绪蔓延开来变成愤怒是常有的事，但是你仍然需要介入，并且安抚孩子，以尽量减少他那种极度的挫折感。

你可以让孩子体验和克服一些挫折，然而你也需要让他有机会成功获得想要的东西，对学步儿来说这同样是重要的学习机会。让孩子完成一些力所能及的任务能够让孩子获得成就感，感到自豪。让我们设想某个早晨的生活场景：

> 一个3岁的孩子想要自己穿上裤子，但是非常艰难。他可能会坐在椅子上，伸直双腿，但是当他要把脚从裤腿伸进去的时候，没有成功。显然，这个孩子独自穿裤子的整个目标没有达到。

尝试达到一个无法实现的目标，可能会让孩子感到挫败。可是有时候，孩子可以完成一部分目标。

你可以让这个孩子坐到椅子上，把腿伸直，然后帮他把裤子放在正确的位置，接着他可以自己伸展腿脚，插进每个裤腿。这样，孩子会对完成这个任务感到自豪，即使开始他需要一些帮助。

这是一种微妙的平衡，在父母鼓励自己的孩子接受帮助的同时，也能促进孩子的独立。

如果一个学步儿想要独立，他会寻求自主性，并且在面对力所能及的挑战时可能会感到充满自信。然而，由于学步儿缺乏深思熟虑的判断力，不知道实现什么样的目标才是现实的，所以，鼓励孩子的自主性是给他提供现实的选择，而不是让他完全独自承担一项任务，这也许是你给予孩子指导的最佳方法。

当学步儿成长为幼儿时，经常给他们提供一些选择会很有益处，那样他们才能开始发展自己的决策能力。在孩子早期发展中，你可以给他提供两种你都可以接受的选择。

6岁的考特尼在午餐吃的蔬菜中有两种健康的选择：胡萝卜或者西红柿。考特尼很高兴自己能够得到这种选择的自由，她的妈妈也很喜欢看她自己做决定。

青少年早期阶段

培养孩子的独立性是一个随着时间不断发展的过程。在青少年早期阶段（大约11~14岁），孩子们经常会努力朝着提升自主性水平的方向跨出一大步。在这个时期，孩子们试图弄清楚如何以符合他们的愿望和信念的方式思考、行动和反应，同时也试图揣摩怎样继续接受父母的投入和支持。青少年早期，孩子们逐渐开始从依赖父母到寻求更多时间与他们的同龄人共处。

艾娃很乐意参加住宿营，因为她可以体验家庭以外的一些独立性，比如，她能够选择新朋友，报名参加哪些活动等等。然而，她也会依靠营地顾问，为她每一天提供一个总体的安排。她也很高兴能收到家中来信，即便有时候她会笑话妈妈建议她去"检查有没有蜱虫"。得到一些大人的指导和偶然收到家里人的关爱话语，能帮助艾娃保持冷静。在某种程度上，艾娃知道自己不必完全自力更生。

在青少年早期阶段，一些孩子似乎在独立和依赖之间来回摇摆。有一天，你的孩子拒绝你，宁愿和自己的朋友待在一起；而另一天，如果你不立刻出现，他又会非常不安。

　　12岁的帕特里克出去和朋友一起打棒球，当妈妈叫他回家吃晚饭时，他说："等会儿，妈妈。我正在打比赛。"然而，第二天，他从学校回到家，发现家中没人，他拼命给爸爸和妈妈打电话。他的妈妈随后5分钟就回到了家（她遇到了一场意外的交通堵塞）。帕特里克见到妈妈就松了一口气。尽管前一天他在没有一个家长陪同的情况下也过得很好，但是他依然希望在自己需要或想要妈妈时就能见到她。后来，当帕特里克的爸爸妈妈问他，为什么那天当他打电话给他们时，他听起来那么紧张兮兮，他否认自己的紧张，并漫不经心地说，他只是想知道妈妈在哪里。

随着儿童过渡成为青少年，父母也经历着从养育年幼的儿童过渡到养育青少年前的儿童，孩子会越来越多地依靠自己的力量来步入这个世界。当你的孩子寻求更多的独立时，你可以帮助他学会理财，这能给他带来更多的独立。把零花钱的使用作为一种教学工具常常会很有用，这样孩子可以学会做预算，并且攒钱去买想要的东西。

在青少年早期的时光里，你一定要关注孩子选择的同龄人群体，因为这个同伴群体会对他的价值观和行为产生巨大的影响。另外，尽管我们需要保护学步儿不受到过度的挫折，但当孩子到青少年早期，我们就开始需要进行专门的指导了，这样，他在学校里，不管是在运动方面还是友谊方面，才能承受得住越来越多的挫折。

在第五章里，你会了解到让孩子独自面对困难和挫折是多么重要，什么时候你仍然需要介入并且提供帮助或指导，以及在你抚养孩子成为一名独立的青少年和成年人时保持这种平衡有多么重要。

青少年后期阶段

虽然青少年经常在想要获得照顾和需要获得更多独立性之间挣扎，但是这种冲突在高中阶段通常就会消失。高中生常常已经知道大人和同伴对自己的期待，知道有时候寻求帮助也是可以的，而且他们越来越意识到，他们的长处在于他们可以更加独立地探索。那时候，自信的青少年会专注于一个或更多领域（如学业、运动、艺术），并取得优异成就。

通常，高中毕业意味着孩子开始寻求与父母物理空间的分离，比如，离开家去上大学。如果这种情况发生，分离和争取独立会重新燃起孩子在寻求独立以及同时想要保持舒适、安全和依赖之间激烈的挣扎。这个时期的孩子无论是在家里住还是在学校住，他们对独立性越来越多的渴望以及父母想要保护照料孩子的冲突会让亲子关系变得紧张。父母和年龄较大的青少年可能会进行激烈的辩论或争吵，并且激发出强烈的情绪。如果你们现在正处于这个阶段，那么你的孩子可能会轻视你的建议，而且也没有考虑他的行为带来的后果。这种局面有时候可能会让你受挫，但事实上，这是进入成年期的关键阶段。

詹妮在高中毕业那天告诉父母："我不想去上大学，我想加入空军。"之前她告诉过朋友这个决定，并且很喜欢从他们的反应里感受到的那股自豪感，朋友的反应大部分都是积极的："哇，你真了不起！""我永远没法适应军队生活，但你会积极适应！"詹妮受到朋友们的激励和鼓舞，她希望父母也有同样的反应。毕竟，她仍然想得到父母的认可。当父母对她宣布的消息反应激烈并反对这个决定时，她感到很吃惊。尽管如此，他们三个人还是同意讨论这个问题。詹妮不再是一个小孩子，并且会考虑一些非常成熟的决定。虽然她的父母并不反对女儿入伍，但是他们一直认为女儿上大学是最可靠的成功之路。詹妮的父母解释说，因为她已经收到一所大学的通知书，获得了一些奖学金，并且父母已经支付了一笔可观的学生宿舍的订金，所以，她选择的时机并不合适。詹妮承认这一点，但是她也坚持自己的立场。

最终，詹妮和父母列出这两个选择的优缺点，他们尝试寻找一个折中办法。在讨论刚开始的时候，詹妮还非常不高兴，但是当她看到父母准备认真对待她入伍的志向时，她变得平静下来，并且开始反思。她意识到父母试图引导她，而并非命令她。最终，詹妮确信父母提出了一些好的点子，尤其是如果她推迟到明年加入空军，她仍然可以选择入伍。她最终修改了自己的计划，并且愿意第一年上大学。如果她仍然对加入空军有强烈的愿望，那么到那时候她可以再考虑入伍的可能性。

在这个阶段，与青少年沟通最有效的父母通常这样做：

• 引导而非命令；

• 妥协而非战胜；

• 尊重孩子的独立观点；

• 尊重地倾听孩子的观点；

• 在做出评论之前重述孩子所说的内容，让孩子明白父母理解了他的观点和理念。

当然，在你仍然想要保护孩子时来做这一切，这往往会很有挑战性，你甚至会感到危险和不舒服。还记得，他还是婴儿的时候，一切由你做主来确保他的安全吗？那些都是光荣岁月！那是精彩旅程的开端。看到你的孩子变得越来越独立，这也是光荣岁月里的真实部分！

在孩子进入青春期后期，你可能愿意去支持成长中孩子的决定，并且开始承担起指导的角色。然而，因为你很可能不会一直都了解青春期的孩子在做什么，所以，现在并不是一个合适的时机去假设，你的孩子在百分之百的时间里都会独立地做出正确的选择。你可以和其他父母交流，参加有成年人参与的聚会，倾听其他人的交谈，等等，这些都是了解孩子生活近况的好办法。

如果你知道孩子想要做一个非常危险的决定，或者你知道他参与了不健康的活动，那么这时你要果断而快速地介入，尽管青春期孩子可能会对此感到愤怒。如果真的发生了，那么，试着帮助他知道，你的介入是因为你担心他的安危，而不是你喜欢干涉。

成年早期阶段

你可能会认为，一旦你的孩子进入成年早期，你就可以放松下来，特别是如果他已经渡过了一些难关，比如从大学毕业进入研究生院，或者开始进入职场工作。即使你刚成年的子女正处于一段恋爱关系中，或者即将为人父母，在这个重要时期，父母也仍然需要进行指导。

对任何人来说，处于完全的独立边缘都可能是一件可怕的事情。你刚成年的孩子可能会感到他好像是在海图上未载明的海域里航行。他18岁时的自信心在此刻很难激发起来，此时他被期望成为一个自给自足的成年人，他可能会感到这是一项艰巨的任务。即使他能熟练使用在线视频进行简单的维修，学习烹饪食谱等，但他也需要花一点时间来意识到，即便那些自给自足的成年人有时也不得不依赖别人，而且这样做也是可以的。例如，一个视频无法教会他如何在一次意外的入室盗窃事件后再次感到安全，即使他按照自己从网上找到的方法来注销被盗信用卡，修改密码，锁定手机，等等。这些工具无法给他带来情感上和实质上的支持，他可能想要从你和其他密友那里获得这些支持。

如前文所提到的，即便是成年人也经常无法在所有方面都依靠自己——比如，修车，进行阑尾切除手术，驾驶飞机去度假。一些成年人能够做一些事情，另外一些人则可以做其他的事情，这就是为什么明智的年轻人会选择那些自给自足的领域，以及选择何时更好地依靠其他具有特定专业领域技能的人。这是传授给孩子的一门重要课程，这样他就不必要为解决所有困难而感到有负担。

这个阶段非常棘手，因为你需要接手和处理多少事情，以及即将长大成人的孩子需要独立处理多少事情，你不会一直都有着明确的方向。另外，还有一个现实的因素。一些年轻人需要待在家里，或者由于失业或低收入而需要获得一些财务支持。有时候，你和你刚成年的孩子可能需要坐下来谈一谈，甚至立一份合约，这对你提供多少财务支持和你的孩子如何达到财务独立，会有所助益。有时候，咨询财务顾问也可以给孩子提供一些工具来达到目标。

当你的孩子成长为一个年轻人：

• 你应当聚焦于提供指导，而不是指示；

• 当孩子向你寻求帮助时，你需要帮助他，但是你需要给他提供空间，让他独自渡过难关（当没有安全隐患时）；

• 你不必同意孩子的所有决定，但是记住，他正在尝试成为一个独立的成年人，并有可能对你的反对和质疑不满；

• 如果你觉得孩子的决定或行动计划存在危险，你可以说出来，但要小心谨慎，不要批评他。

如何用开放性问题来引导孩子？

孩子从很小开始直到成年，都在探索和尝试理解这个世界。对于任何年龄的孩子来说，父母常常都会发现自己陷入"指导模式"。有时候，指导可以建立独立性，比如，在幼儿阶段学习如何自己系鞋带，或者成年子女准备接管保险费用的支付。然而，如果"指导模式"是你一贯的养育方式，特别是当孩子进入青春期时，那么你的孩子可能会开始排斥你。

当孩子在寻求学习某种技能时的帮助时，这常常是他们最乐意接受指导的时候。然而，当孩子认为自己有方法来处理这个情况，他可能就会抗拒听取你的意见，这时候，父母不用说话或指导；而当父母引导孩子运用孩子自己的决策技能时，他才能够更好地接收到和倾听父母的话语。在这时，开放性问题会很有帮助。当你提出一个开放性问题，孩子更有可能感到你对他的思维能力的尊重，以及你对他生活中发生的事情很感兴趣。

信不信由你，你不必等到你的孩子长大，在这之前你们就可以开始真正的对话。如果你的孩子现在是青少年或刚刚成年，而你们以前也没有对话的习惯，那么现在开始对话可能会让你的孩子不解；不过，你可以尝试一种新模式，并告诉你的孩子，这就是你正在做的，这也是可以的。

孩子在探索独立性时，你可以提一些开放性问题：
- "我能为你的项目提供什么帮助？还是你更愿意自己来做？"
- "在这种情况下，你的目标是什么？"
- 如果你的孩子接受挑战并获得了成功，那么你可以说："你接受了挑战，而且成功完成，你感受如何？"
- 如果你的孩子接受挑战，虽然非常努力但是仍然没有获得成功，那么你可以恭喜他敢于接受任务并努力去挑战，然后问："你可以从哪里得到帮助？以后你就能有更多的技能来迎接下一次的挑战。"

你能以"旁观者"的身份来支持孩子吗？

有时候，支持意味着你会为你的孩子做很多事情。当你的孩子是个小婴儿时，你会喂他吃饭、给他穿衣，在养育他并保证他的健康成长之路上，你有很多事情要做。当你的孩子上小学时，你仍然会为他采购学习用品，帮他制订学习计划，教他学会交友技巧。你可能想知道怎样才能引领他变得更独立，成为一名成年人。事实上，当孩子们和成年人知道有人可以依靠，在他们需要时会得到帮助，他们通常就会获得安全感，因此，也更愿意去健康地冒险。

> 9岁的贝姬想要在家庭度假期间学会滑雪。她一开始的时候害怕从山上滑下来，担心可能会撞到树上。贝姬的父亲向她保证，他会先让贝姬进入滑雪学校学习基本技能。贝姬在一个平缓的小山上学会并练习这些技能后，就可以在父亲身后滑下山坡，一直到她有信心更独立地滑雪。贝姬在滑下第一个山坡之前，向母亲解释："我有一点紧张，但是更多的是兴奋。我知道如果我需要爸爸，他就会帮助我，所以我愿意去尝试。"

正如贝姬的情况一样，很多人只有在确认自己安全的情况下，并且有其他人引导他们的时候，才会去冒险尝试新的体验。比如，常见的是，在学习驾车的最初阶段，身边有其他人可以依靠。知道什么时候寻求帮助，什么时候依靠其他人，这是独立的一种标志。这是你和孩子之间一个重要的讨论。也许当你在依赖别人的时候，你甚至可以指出这一点，并对自己做出的正确决定充满自信。

对于幼儿和更大的孩子来说，"有我在这儿呢"是他们听到的重要信号。然而，这个陈述并不意味着"我会为你做任何事情"。说"有我在这儿呢"意味着你在表达对孩子的爱、支持和关心。在孩子完全可以独自承担一些任务时，你要表现出对他的信心，让他知道在有些时候他可以寻求指导，并且让他知道在他无所适从或者无法掌握困境时有你能够帮他，这个信息甚至会更有力量。

在你的孩子健康地冒险时，下面是一些你可以支持他的方法：
• 如果孩子独自承担某项任务，或者明确需要哪种帮助，那么，你可以花些时间来确认他的那些努力（比如，"面对这个挑战，你知道什么时候能获得支持，你是否会感到舒服一点？"）。

- 称赞孩子的努力和称赞他的成就一样重要。
- 如果你对孩子的计划没有把握，那么你不要去评判或批评，而是去提问（比如，"你能分享一下你的计划会如何达成目标的想法吗？"）。
- 对于年龄较大的孩子来说，得到他的同意后你再进行评论，这会很有帮助，这样你的建议就不会立刻遭到拒绝，或者不会被当作是你不信任孩子能力的表现。

虚假的独立性（假性独立）的破坏性

独立的孩子一般不会害怕承担新的和可达成的挑战。他们经常会朝着目标努力，然后为完成任务而感到兴奋。如果他们遇到障碍，他们知道自己可以得到支持，这会帮助他们在努力探索新挑战和尝试时感觉到安全。但是有些孩子只发展出虚假的独立性，我们称之为假性独立。

一个假性独立的孩子会努力来建立自信的外表。他可能会感觉求助是失败的标志，或者他可能会对承认自己害怕新体验感到焦虑。他可能会担心得不到帮助，担心其他人批评他总是需要帮助，担心其他人可能会批评他不够勇敢。

当这种情况发生时，孩子可能会剥夺自己学习解决问题和应对困境新方法的机会。如果是这样，那么他们可能会回避重要的任务，而不是直面犯错或失败的恐惧。然后，这种回避任务的模式可能会持续到将来，并产生后果。比如，当一个年轻人开始找工作的时候，他可能会焦虑不安，不愿意寻求帮助，或面对这种恐惧而躲避着不去发送简历。然而，如果这个年轻人学会面对新体验，自信地接受指导，并且知道学习时犯错也是可以的，那么他在面对新情境时就不会那么有压力。

遗憾的是，如果你的孩子正在发展假性独立，可你甚至没有立刻意识到这个问题。他可能会扮演着自信独立的角色，同时又总是暗自怀疑自己。他不会和你分享他的疑虑，可能是因为他认为你会一笑置之。他可能不愿意承认自己需要帮助，因为他从未见过父母要求或接受过帮助。

> 泰奥8岁时，他父母的朋友们总是羡慕"在他这个年纪就如此独立"。当父母听到这些评价时，泰奥看到了他们的笑容。他错误地认为，父母对他的独立感到如此骄傲，以至于他认为寻求帮助可能会让他们失望。在过去许多年里，泰奥出现了焦虑和胃痛的问题。因为他不愿意寻求帮助，甚至在学校里的学业方面也是如此，所以他感到孤独。表面上，泰奥继续维持自信和独立的假象。

有些孩子可能会努力表现得更老练，以跟上哥哥姐姐，并模仿他们，在学校表现得像个领导者，或者培养出一种形象，他们认为如果寻求帮助而看起来"软弱"的话，那么他们的这种形象就会被破坏。在最坏的情况下，这些青春期的孩子们可能会将他们的依赖转变为恶习，例如使用药物来降低焦虑，或者选择一个不要求他们获得学术、运动或其他目标导向成功的同伴群体。

直升机式养育的诱惑

在某种程度上，我们不是都很喜欢依赖吗？想象一下，你赢得彩票后能够依赖你的银行账户，而不必每天那么辛苦赚钱。许多人喜欢在度假胜地去度假，因为有人会照料他们所有的需求，而他们只需要放松，并享受这种精心照料。如果你的孩子也想要被照顾，那也是可以被理解的，对吗？

养育和保护一个婴儿会让大多数家长获得满足感和目标感。当孩子逐渐长大，并且不再需要父母过多的参与时，百感交集（比如，满足感和同时的失落感）的感觉会很正常。甚至，你可能悲伤地意识到，你不认识孩子所有的同学，或者不了解他每天在学校所有的生活。虽然当你的孩子开始分享更多的观点、感受和计划时，你们会产生其他的联结，但是你和你的孩子之间的亲密感已经不复存在。

一些家长也会发现放手很难，因此，他们盘旋于孩子上空，并试图保护他。我们称之为直升机式养育。当父母感到有必要盘旋的时候，孩子可能会得出这样一个结论，即他没有能力去独立。

以下是避免直升机式养育的一些方法：

• 没有两个孩子是一样的，所以，要判断什么时候必须支持，什么时候应该鼓励孩子独立去处理这些状况。

• 你为孩子做一些他可以自己做的事情，可能在那个时候，你们俩都会感觉不错，但是记住不要剥夺他体验自豪和自信的机会，这些来自于他的艰苦努力和成就。

• 当你感到有强烈的动力要俯冲下去，问问你自己："我有没有准备好要照顾我的孩子的余生？"一个从未尝试健康的冒险的孩子是从未学过独立自主的孩子。

• 当帮助冲动太过于强烈时，问问你自己，是否准备否认自己在看到孩子变得越来越自力更生时的喜悦。

这些方法并不是用来阻止你引导、支持孩子，以及阻止你和孩子建立亲密关系。然而，过度保护、溺爱或不经意会让他感到如果没有你的引导，他永远也无法处理困境，这些养育方法都可能会成为问题。很多时候，父母拥有的智慧和经验，使得他们能更快或更好地处理这些事情，但是这必须要和给孩子学习单飞的机会相平衡。

什么时候开始谈论独立性？

在本章开篇，我们有机会来思考和回答一些关于你养育方式的问题。现在，阅读本章之后，你可能想要重新看看这些问题，并且思考你是否仍然有同样的答案。

如果你想要了解你的孩子如何看待自己关于依赖或独立的偏好，那么你可以请他回答以下问题。这些对话的开场白最适合8岁及以上的儿童。

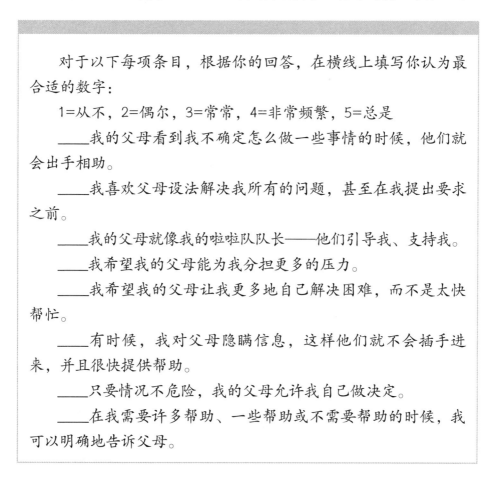

对于以下每项条目，根据你的回答，在横线上填写你认为最合适的数字：

1=从不，2=偶尔，3=常常，4=非常频繁，5=总是

____我的父母看到我不确定怎么做一些事情的时候，他们就会出手相助。

____我喜欢父母设法解决我所有的问题，甚至在我提出要求之前。

____我的父母就像我的啦啦队队长——他们引导我、支持我。

____我希望我的父母能为我分担更多的压力。

____我希望我的父母让我更多地自己解决困难，而不是太快帮忙。

____有时候，我对父母隐瞒信息，这样他们就不会插手进来，并且很快提供帮助。

____只要情况不危险，我的父母允许我自己做决定。

____在我需要许多帮助、一些帮助或不需要帮助的时候，我可以明确地告诉父母。

如果你决定和孩子试着填一下这些问题，那么之后你要找一点时间听听他的想法，不要分心。当你和孩子讨论他的反应时，你表现出感兴趣并避免挑剔，对孩子是非常有帮助的。当他对这个微妙话题分享感受

时，这就像是一份礼物。感谢孩子，并且感谢他对你的信任。如果他愿意接受讨论，那么试着用非评价性的方式来分享你的回答。

在这个讨论过程中，你们可以谈一下在他养成独立性技能的时候，他觉得你如何才能支持他。

为什么要让孩子独立奋斗？

在发展的每个阶段都会带来新的探索以及新的棘手问题。当你认为自己掌握了抚养孩子所需的技巧时，孩子仍然在不断成长和变化，这时候你就需要新的应对策略来跟上他的步伐。这是为人父母感到焦虑和快乐所在的一部分。令人兴奋的是，你会发现你的孩子正在改变和成熟！采用一套以独立为导向的养育哲学，可以帮助你在整个过程中做一致性的选择，并且能够感到较小的压力。

尽管撒手让孩子们克服困难让人感到艰难，但是对他们而言，这种能够完成适龄任务的奋斗体验非常重要。当孩子们成功应对了挑战，他们经常会体验到兴奋和自豪，并且会知道将来他们可以继续学习新的技能。下面这则寓言可以突显出奋斗的重要性和益处。

一个老和尚和一个小和尚一起走在一条布满尘土的小路上，这时候小和尚看到一只蝴蝶从茧子中挣扎着要出来。小和尚对老和尚说："蝴蝶如此拼命地挣扎来解脱自己，我们就这么袖手旁观，真是让人自惭形秽啊！"于是，他走到茧子那边，开始剥开茧子，让蝴蝶出来。他期待着蝴蝶能够飞起来。相反，蝴蝶却跌落到地上，变得满身尘土，疯狂地拍动着翅膀，然后死去。小和尚迷惑不解，转向他的师傅，问道："发生了什么？"老和尚说："蝴蝶在茧子里挣扎着出来的过程中，它会振动翅膀，去除翅膀中的水分。干燥的翅膀会变得很轻，这样它才可以飞起来。"

孩子们就像蝴蝶一样，他们获益于自己从依赖的茧子中挣扎着出去，靠自己单飞。就像小和尚一样，你可能会觉得有一种想要介入和帮助的冲动。毕竟，这不就是父母应该做的吗？当你想要介入，并减轻孩子的痛苦时，请记住这个故事。你是因为想让他更容易更便捷而这样做，还是因为这种奋斗已经真的超出孩子的能力范围？

本章总结

本章强调了培养真正独立性的重要所在，还强调了一些风险，包括当孩子表现出假性或表面的独立性。在下一章，你会了解到，如何帮助孩子在成长过程中的许多考验和磨难中获得自信心。

第二章

自信心：
告诉孩子什么是真正的自信

如果你回想一下自己还是儿童或青少年的时候，那么你可能会想起，有些时候你会感到自信，另一些时间你也会感到自我怀疑。自信心并不是全有或全无的品质。然而，正如你很快会读到，并且你可能已经知道，一个自信的孩子在应对人生挑战的时候会更容易一些。

多了一个"不"就会消极地影响到自信心。"我能"和"我不能"之间就存在了差别。你曾经听说过华提·派尔普的《小火车头做到了》吗？小火车头有一句著名的话是："我想我能做到，我想我能做到，我想我能做到！"如果他说的是"我想我不能做到，我想我不能做到，我想我不能做到"，谁会对这本书感兴趣呢？小火车头如果缺乏自信心，他可能就无法爬上山。孩子经常会在自己感到无法做某事的时候使用这个"不"字。孩子可能会说服自己，他无法接受挑战或者不能很好地完成任务。具有讽刺意味的是，如果你把"不行"中的"不"字去掉，孩子就已经"行"了！当我们对成功的可能性敞开大门时，无论我们是否能够达到最初的目标，这就已经有了成长的潜力。

当然，如果一个孩子不管自己年龄和发展阶段的事实，仍然感到他可以做任何事情，那么这就不是真实的自信心。当你可以现实地评估自己应对挑战的能力时，以及当你理解一项任务需要更多时间、技能或来自他人的支持时，这才是真正的自信心。当你感到自信的时候，你会相信你的目标是可以实现的，因此你会更有动力去朝着目标前行。

在进一步阅读本章内容之前，请你花几分钟来反思一下，你如何培养孩子的自信心，以及你认为你的孩子是否具有真正的自信心。

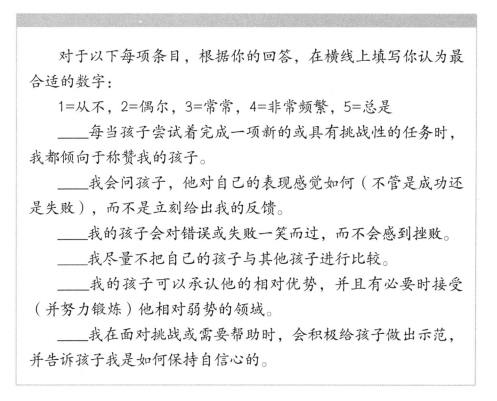

对于以下每项条目，根据你的回答，在横线上填写你认为最合适的数字：

1=从不，2=偶尔，3=常常，4=非常频繁，5=总是

＿＿＿＿每当孩子尝试着完成一项新的或具有挑战性的任务时，我都倾向于称赞我的孩子。

＿＿＿＿我会问孩子，他对自己的表现感觉如何（不管是成功还是失败），而不是立刻给出我的反馈。

＿＿＿＿我的孩子会对错误或失败一笑而过，而不会感到挫败。

＿＿＿＿我尽量不把自己的孩子与其他孩子进行比较。

＿＿＿＿我的孩子可以承认他的相对优势，并且有必要时接受（并努力锻炼）他相对弱势的领域。

＿＿＿＿我在面对挑战或需要帮助时，会积极给孩子做出示范，并告诉孩子我是如何保持自信心的。

在本章内容中，你有机会来反思自己如何鼓励孩子的自信心。不管怎样，此时，让我们来回顾一下不同形式的自信心。

发掘孩子擅长的领域，建立自信心

在本书最后你会读到，一个被认为是独立的人也不必完全自力更生。同样，尽管人们并不能在生活中方方面面的领域里都很擅长，但是人们仍然会感到自信。你会期望一个神经外科大夫能修好汽车引擎吗？

你会希望一个机械师能做脑部手术吗？大概不会吧！神经外科大夫会为他的技能不是全球领先而感到不自信吗？机械师会为他无法给别人做手术而感到失望吗？答案也是不！

对于儿童和青少年来说，如果他们看到自己没有亲密的伙伴或兄弟姐妹所拥有的天分，他们就会很难感到自信。

10 岁的丹尼尔很擅长数学，他的阅读和写作技能属于中等水平。在一个周五的晚上，丹尼尔非常生气，告诉他的父亲："我希望我像蒂莫西一样聪明。老师经常把他的作文当作优秀作品范本，而且他的阅读水平也比我高。"他的父亲试着安抚他："我们每个人都有自己擅长的领域。你在阅读和写作方面还可以，你的数学非常优秀。"然而，这并没有安抚到丹尼尔。他认为自己必须在所有领域里都很出色，才会感受到成功。有一天，蒂莫西对丹尼尔说："我真希望我像你一样学好数学。你真聪明！"丹尼尔笑着说："我？你才是那个聪明的人。"最后，他们两个人都承认他们都很聪明，只是聪明的方面有所不同。丹尼尔终于理解了父亲安慰他的话。

没有一个人能够在所有领域里都出类拔萃。事实上，有些孩子在学校里的表现并不突出，但是他们仍然能意识到自己和同学一样聪明，保持自信心，能够为自己的生活学习技能。没有自信心，许多人就无法学习并专注于自己的能力。相反，他们可能会用很多精力来处理自己的不安全感，回避那些要面对挑战性的场景，并且掩饰他们对自我的怀疑。希望你能帮助孩子认同他的优点，并且从这些优点中获取自信，这样，他就不会害怕朝着新的目标努力。

当你和孩子讨论时，让孩子反思自己在以下领域的能力，这可能会有一些帮助：

- 他们的交友能力；
- 他们维系友谊的能力；
- 他们自我认可的能力；
- 他们在学科领域的表现；
- 他们至少在某一个领域的运动技能；
- 他们的艺术天分（音乐、舞蹈、戏剧、绘画）；
- 他们看待得与失、乐观与否的能力；
- 他们运用幽默的天分来让其他人高兴的能力；
- 他们设置目标并且朝着目标努力的能力。

为了让孩子们发现自己的个人定位，对孩子们来说思考所有这些领域的能力非常重要。有些孩子，像丹尼尔一样，开始认同自己的优点，但是缺乏自信心，这是因为他们开始相信自己应该在所有领域里都出类拔萃。当有些人意识到自己拥有某个领域的天分时，他们才会开始获得自信心。尽管天分可以培养自信心，但是还有更多方面可以培养自信心。

有些人在自己所选努力的方向（如工作、人际关系、爱好）上拥有成功所需的所有能力，但他们的自我评价却仍然很差。花一点时间和孩子解释一个人的自我感觉是自信心水平的最好指标，这可能会很有帮助。比如，如果一个孩子把自己作为最好的朋友，那么他很可能是一个自信的孩子，他真正欣赏自己的个性、能力，甚至"缺点"！值得注意的一种情况是，孩子选择自己作为最好的朋友是因为他不愿意交友、不愿意与同伴协商和妥协，或者是他没有意识到生活中有其他人的好处。

自信心和独立性息息相关

当孩子们有自信心的时候，他们会更愿意探索新的体验和面对新的挑战。缺乏自信的人常常会有一个内心对话，甚至在他们尝试自己解决问题之前就开始了："糟了，我从来没有做过这个。我想我做不到。我需要有人帮助我。"他们的自我怀疑会引起无助感和焦虑。

有时候，人们会错认为自信者的内心对话是："我能处理所有事情！"如你在前文所读，能够独立处理所有事情的人是非常罕见的。

艾玛的内心对话反映出了一个真正有自信心的人："让我试试这种新舞蹈。一开始我可能不会跳，但是如果我能自嘲，那么我就会很开心。我可以请我最好的朋友来帮我练习，我相信两周后我能学会这些新舞步，去参加学校举办的舞会！"

学习新信息或者拥有新体验，会让自信的孩子获益良多，并且产生自豪感。孩子会知道，努力本身就能够让人感觉良好，甚至完全不需要成功。独立性可以提高自信心，拥有自信心又可以提升独立的意愿，二者息息相关。

设置可实现的目标，有助于自信心的提升

正如你在本章前文中所读到的，有些孩子试图和哥哥姐姐竞争，希望自己在所有运动中都表现最好，并且在学校每个班级中是最聪明的。

亨利经常和他姐姐加比竞争，加比是他们足球队里的明星，也是一名优秀的学生。亨利想要成为他们班级的班长，并想要在学校戏剧中当主角。亨利感到自己很有决心和自信心，因此，他在所有方面都会努力取得成功。

通过努力，亨利成为了他们班的副班长，在学校戏剧中扮演一个重要的但不是主演的角色。

你觉得亨利会有什么感受呢？许多孩子会对获得这些成就感到很高兴。然而遗憾的是，亨利并不是这样，他感到沮丧和挫败。

当人们设置现实、可实现的目标，为这个目标工作，并达到目标时，通常他们的自信心就会提高。

下面是一些能帮孩子设置现实目标的方法：

• 花一点时间来讨论现在他们想要实现什么，以及他们的长期目标是什么。

• 帮助他们搞清楚他们在这个时候实际能做些什么，然后设置超越这一步的一个目标（比如朝着更大目标迈进一步）。

• 提醒孩子所有人都是不同的，没必要和兄弟姐妹或朋友竞争。

• 帮助他们理解有许多不同的成功之路，他们必须找到自己的天赋（比如，不是所有人的天赋都是学业、运动、艺术等等）。

• 引导他们设置符合他们特定能力的期待。

• 帮助他们变得有心理弹性，保持自信心，甚至在克服困难的时候，能够接受失望感，并且重新评估他们设置的目标。

亨利设置的目标太高，以至于部分的成功也让他感觉像是一个失败者。另一方面，目标设置得低于一个人能力的时候，似乎会压力更小和更简单，但是这也会剥夺孩子应对挑战的机会。孩子学着在目标可实现但不是很简单的情况下努力奋斗，可以给孩子带来自信心和成就感。

自信心来源于经验的积累

"万事开头难，只要敢攀登"和"不撞南墙不死心"这两句古老的谚语既充满智慧，又互相矛盾。让我们花几分钟来讨论一下。

孩子在尝试一次新体验之后，是否因为没有立刻成功而很快就想要放弃？有时候，如果没有必要也没有兴趣或动机来学习一个特定任务，那么放弃可能还没事。然而，当孩子们养成一种早早放弃的习惯时，他们常常也会放弃尝试的机会，然后是失败，从失败中吸取教训，尝试新方法，再失败，再学习更多新策略，最终成功。通过这些，他们可能会了解到，最初的失败并不是世界末日。当他们知道初期的困难或失败可以意味着，努力工作和现实的期待仍然会带来最后的成功，他们会变得更加自信。

有些孩子懂得如何坚持下去。他们努力地工作，工作，再工作。他们为自己的努力而自豪，并且感觉自己的努力好像得到了回报。然而，有时候这种坚持可能会有坏处。当人们坚持尝试一种策略来实现自己的目标，而这种方法在开始的许多次尝试中并不奏效，他们仍然坚持的话，这会让人感到受挫和失去自信心。在这个方面，坚持就变成了一种机械式重复，就像是一只仓鼠在轮子上跑，却毫无进展。

孩子们可以从你的引导中获益，从而找到可以带来更好结果的新策略。这会成为一堂珍贵课程，他们可以了解灵活性思维的重要性，也可以了解在遇到困境时寻求帮助的好处，以及明白并非所有坚持都有好处这个事实。一遍遍地尝试同样的策略会让人们头疼，这是因为他们已经在象征性地"撞南墙"。

真正自信和盲目自信的区别

有时候，孩子们可能会吹嘘自己的能力，而他们并没有实力来支持这种吹嘘，或者他们对别人如何看待这种吹嘘缺乏社交的觉察。有些孩子可能会认为这个吹牛的人肯定是在讲真话，因此他们开始会感到被唬住。其他人可能只会翻白眼，对这个人感到无奈。甚至当吹牛的孩子在真实叙述自己的技能出众时，吹牛也会导致同伴的疏离。

> 有一天，拉蒙从学校回到家，告诉妈妈："杰森很讨厌。他总是吹嘘自己棒球打得有多么好，还说有一天他会加入美国棒球联盟打球。他吹嘘自己可能是我们小镇上最佳的棒球手，还表现得好像就是下一个德瑞克·基特。"

杰森的吹嘘让拉蒙和许多其他朋友非常苦恼，他们开始避免和杰森待在一起。

正如杰森的例子那样，吹嘘可能会适得其反。这不会给其他孩子留下深刻印象，而是会让其他孩子回避和吹嘘的人待在一起。当一个人的能力无法达到其夸夸其谈的程度时，尤其如此。因为夸夸其谈或吹嘘是有问题的，所以，有时候父母要鼓励孩子对于自己的才华或技能要保持谦逊的态度。但是，有时候过度保持谦逊和只强调别人的才华并没有好处。想象一下，你去参加面试，却不努力推销自己。吹嘘是极端的状态，然而，自信地描述你的特殊之处则是一种需要学习的重要技能，这会为最终的工作或大学面试做好准备。有一个很好的方法来告诉你的孩子如何平衡分享才华和保持低调谦逊，这就是你来示范如何处理这种情况。

当决定是否谈论自己特殊的素养或保持低调谦逊时，注意到"天时地利人和"有关的内容，许多孩子明白了这个道理后可以获益良多。孩子们与合适的人一起，在合适的时候，在合适的地方，分享自己的成功和收获会感觉很棒。通常来说，这样做的好时机是当亲戚或亲密的朋友来访时，他们愿意分享孩子的快乐。

孩子吹嘘有许多不同的原因：
- 不希望别人看到他们实际上并不安全；
- 让别人相信自己所说的话用来增加自信心；
- 想要让别人留下深刻的印象；
- 希望获得别人的欢迎，感觉到自己很重要。

如果你发现孩子在吹牛，你可以做些什么来帮助他？以下的一些方法可以用来教会孩子拥有真正的自信心，而不是吹嘘：
- 晚餐时或者安静的行车途中，你可以试着问问孩子，当有人用吹牛的口气说话时，他的反应会是什么样的。这会让你的孩子思考这个问题（聚焦于其他孩子），而不是感到潜在的批评。

• 提醒孩子，行胜于言（比如，"最好让你的朋友体验一下你的技能和成就，而不是不断地从你口中听说这些。"）。

• 如果你的孩子努力去给其他孩子留下好印象，那么花一点时间来谈谈真正的友谊是什么。

• 如果你发现孩子在吹牛，那么等到他安静的时候，不要批评他，而是问问他吹牛时在想什么，他希望得到什么样的反应（这有助于孩子进行自我反思）。

• 鼓励孩子和你讨论一下让他感到自豪的事情，然后讨论与同伴分享这些看法的利弊。

有时候，好朋友和亲戚希望能够分享孩子的成就，并且乐于了解孩子的才能。如果分享的情况清晰明了，而且孩子们也从未与同伴分享过自己的成就，那么，对孩子来说，这时孩子的分享可以更容易避免自吹自擂。然而，因为孩子分享其优点和缺点会让别人真实地了解他，所以关键问题是什么时候、以什么方式、在什么地方以及和什么人分享这个信息。

怎样表扬能增强孩子的自信心？

很多时候，当孩子成功完成某项任务的时候，其他人会通过一些言语来表扬他们，比如："我就知道你会赢得拼字比赛！""我都迫不及待想要看到你下周曲棍球比赛中的表现了。你今天训练的表现简直太棒了！"这些溢美之词可能会无意中给孩子带来压力，然后他可能会担心成功会带来越来越高的期待，以及越来越大的压力。

当然每个人都会被寄以期待，这是无法避免的。当这种情况发生在孩子身上时，新的期待会激发他，会让他设置和达到更高且现实的目标。当孩子身边的人对于他将来做的事情期待他能达到更高的标准时，你可以做些什么来保护孩子免受过度的压力呢？

下面的一些方法可以帮助孩子免受由于获得表扬而产生不必要的压力：

• 当邻居对你的孩子说："哇，你登上光荣榜了。我打赌下学期你还会进入光荣榜。"请记住，邻居可能是在鼓励孩子，你可以这样回应："我们正在庆祝这个成果。只要他努力了，无论结果怎样我们都会为他感到骄傲！"

• 当孩子回到家，告诉你他最好的朋友说他是年级里的"领头羊"，你明白这意味着他社交能力很强，而且他总会感觉到别人的钦佩，而这会给他带来很大的压力。你可以这样说："只要成为你自己就行。如果他们崇拜你只是因为你是你自己，那就太好了。但是如果他们不是因为你是你自己而崇拜你，那么他们就错了。我们只想要你过得开心，并且为自己的选择感到自豪！"

• 在一次家庭聚会中，你无意中听到女儿的朋友评价她"太美了"，这是因为她总是"拥有最好的新款品牌服饰和最新手机"。幸运的是，她和你谈到这些表扬让她感觉不舒服，说道："我讨厌这种总是需要拥有最好东西的压力。我们不是用钱制造出来的。"你可以安抚她道："你享受这些物品，这些物品确实很不错，但是这些物品并不能说明你是什么样的人。记住你是谁，你那些真正的朋友会因为你是谁而欣赏你！"

当成年人给出具体的表扬（比如，"你传球和助攻的方式，令人印象深刻！"）时，孩子们会明白为什么会受到表扬。另外，这些评价可以帮助孩子们了解哪些方面值得高度赞扬，而不是想着："她总说我是最棒的，这只不过是因为她是我妈妈。"

特别是在青春期，青少年们在谈论他们的父母、亲戚和其他人的好心评价和行为时，可能会不屑一顾。

吉萨说："我妈妈总说我是最漂亮最聪明的孩子，但是我才不会当真。"吉萨知道自己既不是最漂亮的，也不是最聪明的。她说："我只希望我妈能诚实一点儿。特别是在我还小的时候，她也许可以告诉我，我很漂亮和很聪明，我应该为做我自己而感到高兴。"吉萨知道她的父母在鼓励自己，但是她妈妈因为过分夸大而丢失了很多具体信息。

总结一下，当孩子对表扬的压力感到不舒服的时候，你学会辨别这种情况会非常重要。有时候，孩子们甚至不知道为什么他们会感到不舒服，并且可能不会向你表达自己的压力。你可以问一些开放性的问题，这会帮助他们反思在得到表扬后自己的感受（比如，"卡莉阿姨说她迫不及待想要看到你明年再次赢得科学展览会的比赛，你对此感觉怎么样？"）。另外，你给出具体而现实的表扬会给儿童和青少年一个信号，这就是你真的在关注，并且有具体的表扬原因，而不只是因为你爱他们而表扬他们。

在培养孩子的自信心时，父母经常会遇到的三大陷阱

当父母努力去养育自信的孩子时，他们会遇到许多常见的陷阱。你有机会思考这些陷阱之后，就更容易去避开这些陷阱。其中一些陷阱包括父母把自己的焦虑传递给孩子，批评孩子而不是评论事件，并且把自己在童年时期错过的东西强加到孩子身上。

陷阱一：父母把自己的焦虑传递给孩子

父母在养育孩子的过程中，想要保护孩子，这些都会给自己带来焦虑。你怎样才能保证他们的安全呢？你怎样才能让他们自己冒险呢？你怎样才能保护他们免受失败的伤害呢？你怎样才能知道孩子们的朋友会

不会把他们引入歧途？问题实在太多，一本书根本无法涵盖所有。这些问题并非不现实，也并非不必要。你如何处理自己的焦虑情绪，会使养育结果有所不同，可以养成一个独立而自信的孩子，也可以养成一个依赖而又缺乏自信心的孩子。

你的焦虑会怎样影响孩子，有一个例子可以有助于解释这个问题。

安娜在2岁到12岁期间，从一个寄养家庭搬到另一个寄养家庭。她处在一个频繁转变的环境中，没有机会得到一个持续、关爱的家庭环境。即使在她12岁那年，一个很好的家庭领养了她，她仍然一直担心自己会再次孤独。

当安娜有了自己的孩子后，她努力和孩子们保持亲密，认为这会给他们带来自己从未有过的安全感，他们会成为自信的人。遗憾的是，安娜的儿子并不知道自己妈妈的经历和意图。相反，他认为妈妈对他的独立能力没有信心，认为这就是她总是在自己身边的原因。比如，安娜欢迎儿子的朋友来家里玩，但只有在儿子房门开着的情况下，才允许他们在房间里玩，这样她就可以听到发生了什么，有需要的话她就会出现在儿子身边。她从不让儿子到朋友家玩或者过夜。而安娜的女儿感受到了妈妈的焦虑，觉得自己有责任让妈妈感觉好一些，即使要付出一些代价也在所不惜（比如，她每天放学后就回家，从不留下来参加运动或社团活动）。安娜的女儿不允许自己参与到这些社交机会和活动当中，因此，她剥夺了自己的"成长"体验，而这些体验能让她有自信去独自面对新的状况。

虽然安娜的例子不能代表你所过的生活，但是她对孩子安全的担忧可能你也能感受得到。如果你对孩子进入社会也曾感到焦虑，担心他们是否能够安全和获得成功，那么你并不孤独。许多父母在开学第一天把自己笑呵呵的孩子送进幼儿园后就哭了，他们担心自己无法一直在那里保护自己的小孩免受所有的危险，无论是真实的危险还是想象的危险。父母也会担心老师不能满足孩子的所有需求，因此孩子会遭受忽视和不开心。其实大多数老师都接受过培训，会帮助孩子们度过他们的学校时光，当孩子们遇到困难时会支持他们。如果孩子有适龄的独立能力，并且在有需要时会果断求助，那么这也能帮助父母和孩子降低焦虑感。

> 如果你的焦虑导致你纠结于如何让孩子成长和冒险尝试新体验，那么，下面是一些能帮助你的方法：
>
> • 思考一下，你的担心是否包括不可逆转或极端危险的情况；如果不是的话，那么你可以提醒自己这一点。
>
> • 思考一下，在过分保护的担心和由于你保护的本能而剥夺孩子从独立中获得自信心机会的风险之间的平衡。
>
> • 虽然为人父母自然会带着许多的担忧，但是接收到父母焦虑的孩子可能会太害怕，从而不敢尝试探索，也会失去获得自信心的机会。

陷阱二：父母批评孩子而不是评论事件

你有没有试过和孩子平静地交流，他却只是翻白眼，装着没听见你的话，或者一走了之？你可以用一些微妙的方法来减少这种反应。孩子，特别是少年和青少年，他们希望自己做决定，并且在父母反对的时候他们会更容易感到不受尊重。因此，他们可能会根据自己的情绪做出反应，而不是考虑父母可能真有一些引导他们的新见解或者更多经验的可能性。当你反对孩子的决定或行为时，能帮助他们倾听和减少反应的一个方法是进行评论而不是批评。如果你进行评论，那么这意味着你和孩子讨论的是你反对的原因以及你预见的潜在后果。如果你进行批评，那么这意味着你在笼统地评价他的能力。

下面是父母试着给出同样信息的例子，一个是评论，另一个则是批评。

评论的父母："我理解你为什么那么想，不过，你有没有考虑到如果你采用那种方法会产生的所有结果吗？我真的相信，如果你尝试另一种方法，那么你可能会发现最后的结果会更好。"

批评的父母："你怎么能这么荒谬和不成熟，你还以为自己的计划会成功？"

在你给儿童或青少年反馈信息之前，你像青少年那样思考问题会很有帮助。请记住，你曾经也是那个年龄的人！如果你预料到孩子会对你所说的内容感到生气，那么花一点时间思考一下你是否有一些更合适的方法来进行交流。

在有些情况下，你必须快速反对，并且制止孩子的行动，而不是花时间来告诉他。当孩子真的处于身体伤害的风险中，或情况将置于不可逆转的糟糕境地时，你要及时并进行强烈的反对。

伊莱12岁时，他想要在社区游泳池的浅水区跳水。他妈妈没有时间多想，立刻跑过去大喊："停！你会把脑袋撞伤的！你在想什么呢？"伊莱妈妈一开始就引起他的注意，之后她降低嗓门说："伊莱，我想让你想一想，如果你在这里跳水，在水底撞到头部，那会发生什么？如果你想要跳水，那么你可以去泳池的深水区。"伊莱想要进行辩解，但是他意识到是妈妈使他免受意外伤害，而且他并没有提前考虑到后果。

当孩子犯的错误不太严重时，下面是一些你可以尝试的策略：

• 表扬孩子。在孩子的想法当中，有没有一部分是你所尊重、同意或甚至欣赏的？如果有的话，那就强调这部分！

• 当你知道自己和孩子可以花时间一起真正的交谈，而且可以互相倾听时，挑一个时间来进行讨论。

• 探索一下孩子的计划中潜在的积极和消极结果。

• 如果孩子生气了，那么你想说点什么，比如"不要粗鲁或无礼"，可以考虑采用下面的替代信息："我知道你现在很生气，不过，你可以试着用语言来表达你的愤怒，这样我就可以了解你为什么这么生气。"

• 同意在你们双方有时间来考虑当前的对话（或有时间冷静下来）之后，你们再次进行讨论。

• 请记住，十字路口往往没有一条绝对正确的道路。

• 很明显，打孩子不会促进沟通！

陷阱三：父母把自己在童年时期错过的东西强加到孩子身上

当父母抱着自己的新生儿时，他们经常会联想到自己对孩子未来所有的希望。通常健康和快乐是第一个想法。然而，接下来，父母可能会想到他们自己的童年，他们所热爱的和错过的那些。

随着时间的推移，如果父母继续专注于他们曾经错过或失去的，那么他们可能会无法关注孩子的独特愿望、个性和技能。这些父母通常是善意的，但是可能会无意中给孩子施加了压力，孩子们会通过满足父母对他们的希望，以此来取悦自己的父母。有时候，孩子们接触了许多活动后，最终会和父母有同样的兴趣。然而，当这些孩子被反复要求做那些让父母小时候感到开心的活动时，即便他们根本不喜欢或不擅长于此，这些孩子可能会感到自己无法胜任而且不被理解。对于这些孩子的愿望和想参加的活动，他们可能会失去信心，认为父母不会在乎和尊重他们的愿望和想法。

11岁的道格拉斯发现，学业功课对他而言相对更容易也更令人满意。然而，他却在体育和艺术方面苦苦挣扎。他的父亲努力成为了一名医生，并且为自己从未参加过团体运动和错过团体活动的经历而感到遗憾，他一直鼓励道格拉斯参加足球队或棒球队。当道格拉斯平静地解释他不感兴趣时，他的父亲态度变得很坚决。当道格拉斯说他想要尝试参加辩论队和国际象棋队时，他的父亲因为他拒绝听从建议而非常生气，而这些建议都来自于他自己的经历。遗憾的是，他的父亲没有意识到道格拉斯在自己感兴趣的领域里同样能有团体活动的经历。道格拉斯最终屈从于父亲的愿望，但是大部分时间都在替补席上默默地埋怨父亲。当道格拉斯很努力却未能打好比赛时，他逐渐失去了信心，并且他感到父亲不再相信他有独立做决定的能力。

很显然，每个人都是独一无二的。父母年少时所做的或者所渴望的事情，可能对他们的孩子来说，并不是正确的行动方案。花一点时间思考，你觉得你的孩子的优点、兴趣和愿望是什么。这可以成为你和孩子之间的重要讨论话题。你的孩子可能同意尝试你喜欢的活动，同样，你也能了解孩子感兴趣的更多方面。你可能会惊喜地发现自己也喜欢孩子介绍的那些活动，你们喜欢更多共同的东西，甚至比你了解到的更多！

提升孩子自信心的三种方法

你刚刚读到了一些避免陷阱的方法，这些陷阱可能会不知不觉地降低孩子的自信心。有些积极主动的方法可以提升孩子的自信心，本章开篇谈到了一些方法，还有一些方法会在接下来的章节中提到，在这些章节中，你会学到许多方法来帮助孩子建立自信，并且逐渐变得有自给自足的能力。在这一点上，让我们聚焦于养育日益自信的孩子的一些关键因素。

方法一：给予孩子足够的安全感

如果孩子在感到不安全的时候转向你，那么这就是你和孩子拥有的一份信任和爱的关系的证明。当孩子勇敢面对世界，因为害怕和惊恐而哭泣时，然后拥抱你，你得到了一份礼物。这份礼物是孩子的开放性，以及他在最脆弱的时刻相信你有能力指导和支持他。

当孩子感到不安全的时候，下面有一些方法能够帮助孩子：

• 传递自信。当指导和支持孩子的时候，让他知道你是否相信他可以在你的指导下处理状况，或者是否应该从别人那里得到帮助。充满自信地了解什么时候求助，以及向什么人求助（比如，"我认为你可能想要和你的数学老师谈谈这个问题，不过，我有一些想法可能会帮到你。"）。

• 请记住，努力说服孩子他可以独立应对一个挑战，只有在他能够应对的时候这种努力才会有所帮助！鼓励孩子尝试应对无法完成的挑战，可能会滋长他将来的不安全感，并失去自信心。如果发生这种事情，那么你应该帮助他设置更多可实现的目标。

• 有时候，你只需要倾听。倾听可能是孩子在那一刻所渴望的一切。

• 如果孩子还没准备好告诉你，那么你可以提醒他，当他准备好想要倾诉的时候你就在他身边。

• 分享一些你小时候经历的那些相关的和适当的不安全感，以及你是如何克服的。示范应对策略是一种好方法，而不会让孩子变得抵触。有时候，甚至你可以引入一些历史人物，他们经常失败，但是最终成功（比如，海明威的作品曾屡遭出版商拒稿，直到最后，他因为作品的质量较高才得到认可）。

如果你尽了最大努力来帮助孩子建立自信心，而孩子仍然感到不安全，那么，寻找专业建议可能会对你有帮助。比如，有些孩子非常害怕面对新的挑战，以至于他们说服自己他们做不到，从而避免尝试所带来的焦虑。

方法二：用孩子能理解的方式去爱他

婴儿会通过你的躯体接触、肢体语言和语音语调来感受到你的爱。当孩子长得更大一点，你就可以花时间和他待在一起，给他一些积极的评价和拥抱，对他微笑，给他精心准备礼物（虽然不总是物质上的），这些都可以传递出你的爱。

如果你用一种孩子不能理解的方式告诉孩子"我爱你"，那么你的爱就不会被孩子感受到。花一点时间思考一下孩子怎样才会知道你爱他。

> 迈克尔知道他的爸爸爱他，这是因为爸爸对他流露出的喜悦表情，而且尽管爸爸工作很长时间后精疲力竭，仍然会花很多时间来和迈克尔谈谈自己的工作和生活。

> 阿利克夏的父母会认真倾听她的社交问题，她感受到父母对她很关爱，并且从不评价她，而且在她努力度过艰难时期的时候，父母总会给她指导。

你了解你的孩子怎样才能感受到你爱他的方式吗？如果你不太确定，那么你可以尝试下面的方法：

• 当有空的时候，开启你们之间的对话，倾听孩子感受到和你最亲密的方式，以及孩子知道自己被爱的方式。

• 花一点时间和你的孩子一起做事聊天——在孩子对你最放松、最开放、最有回应的时候来进行观察。那可能表明你在创造一个亲密的空间。

- 当你试着关心并接近孩子的时候，而孩子却离开，你可以花一点时间考虑一下这个时机是否合适，或者那个时候你爱的"方式"是否适合你的孩子。

- 当然，如果少年或青少年拒绝了你，那么这可能是因为某一个问题，但是更可能的是，这只是年龄的问题！在这几年里，和孩子一起定期分享他的不安全感会给你提供特殊的帮助机会，而且要让孩子知道，尽管他对独立性有着发展阶段性的愿望，但是他仍然会感到被爱，也可以放心地向你倾诉。

一个知道自己被父母爱的孩子往往会更自信。孩子在不同阶段会表现并感受到不同的被爱方式。比如，一个婴儿、学步儿和幼儿可能会渴望得到父母的亲吻和拥抱，也需要微笑、舒缓的口吻，以及爱的言语。晚上，当父母花时间把孩子送到床上，拥抱他、微笑着看他，讲一个睡前故事，这会帮助孩子感到安全地入睡，并知道父母爱着他们。大一点的孩子仍然会想要拥抱却也可能把父母向外推，一开始会拒绝在公共场合被拥抱，后来甚至在私人场合也会如此。那些灵活表达爱的方式（比如，表扬、支持、关注、表达对孩子活动的兴趣、拥抱、使用爱的语言）的父母可以尝试以孩子接受的方式表达爱，即使孩子在青少年时期也是如此。

方法三：做孩子的坚强后盾和支持者

在成长过程中，有时候，一些孩子对友谊和学校的恐惧可能会无所适从。对孩子们来说，被他人排斥或受欢迎都会带来潜在的压力。在学校表现良好或者学业功课有困难，也都会很有挑战性。

如果孩子把你当作顾问，那么在处理日常压力时他可能往往会感到更自信。他知道自己不是孤单一人去想办法渡过难关。当孩子向你倾诉他的想法和担忧的时候，有时候你可能很难不去评价。如果他被朋友欺负了，那么你可能会想："离开那个朋友，他没有善待你。"这可能无意中给孩子一个信号，你对他能够找到处理社交困难的方法缺乏信心。另一方面，如果你试图让孩子维护友谊，解决冲突，而不管他受到的欺负，那么孩子可能会感到自己不被理解，也无法应对。

在学业方面，孩子可能会请你帮忙，你可能不会一直很确定什么时候应该鼓励他独立，什么时候应该试着帮助他，什么时候应该鼓励孩子和老师谈谈。

在你给孩子提供建议之前，这些可能会有些帮助：
• 倾听孩子的观点；
• 倾听孩子想要如何处理这种状况的想法；
• 倾听孩子希望你对这种状况或讨论做出的回应；
• 问问孩子那个选择的潜在结果（好的或坏的）；
• 问问孩子是否想要听到你经历过的相似状况（只要确保这是一个包含"教训"的有用故事）。

本章总结

在本章，你了解到了自信心的含义，为什么培养孩子的自信心那么重要，以及如何能帮助你养育自信的孩子，同时避免可能导致孩子自信降低的陷阱。真正自信的孩子能够健康地冒险，当犯错的时候能够自我解嘲，当需要的时候可以寻求支持。在下一章里，你会学到如何帮助孩子学会目标管理和任务管理。

第三章

执行功能技能：
教孩子学会目标管理

成功的成年人一般都是那些拥有很强执行功能技能的人。在孩子们努力争取成功的过程中，这些技能常常会很有帮助。一个人无论是在工作、学习还是在家庭中，这种能力都是行之有效的关键所在。在本章，你会学到如何帮助孩子从现在到长远发展这些重要技能的方法。

当专业人士提到执行功能技能的时候，是什么意思呢？这个定义包含许多相关的释义和技能。在本章中，我们将重点讨论关于当前和未来独立性的一些必要因素，包括：

- 确定短期目标和长期目标；
- 识别现实的和不现实的目标；
- 制订能达到现实目标的步骤；
- 学会分解目标的步骤；
- 学会优先排序和时间管理；
- 学会自我激励；
- 坚持不懈而不是机械式重复；

- 保持灵活性思维；
- 获得学习所需的技能。

在仔细阅读下面的列表时，你会发现你每天是如何使用甚至是多次使用这些技能的。思考一下，对孩子来说这些能力有多重要，甚至是必不可少的。在继续阅读之前，请花一分钟时间思考，你是怎样鼓励孩子使用执行功能技能的，以及你是如何强调这些技能的重要性的。

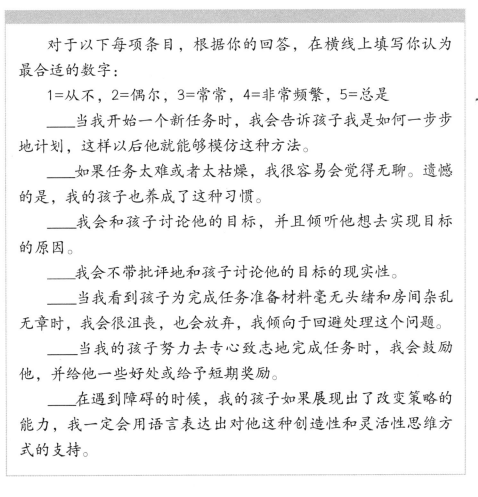

对于以下每项条目，根据你的回答，在横线上填写你认为最合适的数字：

1=从不，2=偶尔，3=常常，4=非常频繁，5=总是

____当我开始一个新任务时，我会告诉孩子我是如何一步步地计划，这样以后他就能够模仿这种方法。

____如果任务太难或者太枯燥，我很容易会觉得无聊。遗憾的是，我的孩子也养成了这种习惯。

____我会和孩子讨论他的目标，并且倾听他想去实现目标的原因。

____我会不带批评地和孩子讨论他的目标的现实性。

____当我看到孩子为完成任务准备材料毫无头绪和房间杂乱无章时，我会很沮丧，也会放弃，我倾向于回避处理这个问题。

____当我的孩子努力去专心致志地完成任务时，我会鼓励他，并给他一些好处或给予短期奖励。

____在遇到障碍的时候，我的孩子如果展现出了改变策略的能力，我一定会用语言表达出对他这种创造性和灵活性思维方式的支持。

培养一个拥有很强执行功能技能的孩子并不容易，但是你需要认识到孩子拥有这些技能会让你对孩子更有信心，因为你知道他正在为独立

生活进行准备。学习这些技能并不是一项艰难的任务。

当肯尼为自己的10岁生日聚会做准备时，他制作邀请名单，写下提供的食物，制作一份购物清单，然后和他妈妈一起购物，等等。这种组织形式以及后续行动对他的聚会非常有必要，这种经历也可以帮助他完成学校的任务，而且这也是达成其他目标所必需的条理性和坚韧性。

有时候，孩子们在举办聚会、参加艺术活动或建立新的游戏规则时，他们可以从发展这些活动的技能方面获得乐趣。尽管肯尼正在运用这些执行功能技能，但他自己并没有意识到，他只是在着手计划自己的聚会。

发展执行功能技能可能看起来很有趣，而且孩子甚至可能不会意识到这些技能是优点。有些时候，当孩子在学习执行功能技能时，可能会觉得不自然或不舒适。比如，对留出时间来优先学习拼写单词而不是所有时间都用来玩耍，有多少孩子会对这种安排感兴趣？有多少成年人也更愿意玩，而不是开始、组织、坚持以及完成那些他们不是特别感兴趣（或只是无聊）的任务，而这些任务对他们的工作或他们的家庭却是必要的？幸运的是，对儿童和成年人来说，他们可以从成功和实现目标中获得的满足感来补偿这种短期的不舒适感。

如果没有较强的执行功能技能会怎样？

玛吉在8岁时喜欢活在当下，她主动而乐观，她的父母很欣赏她对生活的热情。当玛吉有作业或事情要完成时，她的父母经常会告诉她每个步骤都需要做什么，直到她完成。一旦完成一项任务，她的父母就会给她提出下一项任务。玛吉完成了她的学业，但并不是独立完成她的家庭作业。在接下来的几年里，当玛吉的朋友们自己花时间计划他们想做的事情并且努力达成目标时，玛吉的自信心开始降低。遗憾的是，玛吉从未发展出为实现目标而独立规划和工作的早期技能。

现在，玛吉上六年级了，她和同学们每个人要做一个音乐项目，在这个项目中，他们挑选一位音乐家，回顾这位音乐家的人生经历和作品，展示相关图片，并且将这个项目展示给大家。每个人有四周的时间来完成这个项目。在截止日期前一周，玛吉的大多数同学已经选好了方案，启动了计划，并对实施的步骤进行优先等级排序，在朝着完成项目的目标前进。而玛吉仍然在漫不经心地想着，自己想要选择哪位音乐家作为她的方案题材。

想象一下，当项目截止日期到来的时候，玛吉会感觉如何。她最好的朋友拿着自己设计的海报走进教室；另一个朋友很兴奋地分享并展示自己如何整合照片、文字，甚至还把一个视频加入其中。玛吉则告诉她的妈妈自己生病了，因为她不想没有设计方案去上学，她不想面对老师对她的不满，也不想在朋友面前感到尴尬。她对父母不帮她完成方案而感到愤怒，并且告诉她妈妈，她甚至都感到无法开始这个作业。

有很多像玛吉这样的孩子。虽然他们有很好的打算，但是没有很好的持续行动。有些家长会对孩子大喊大叫或者命令他们专注地做事，有些家长可能会取消孩子的一些特权、社交时间或拿走孩子的电子设备。因为孩子会为了避免父母生气或失望，或是回避可能会有的惩罚而去完成任务，所以这些方法可能会带来短期的成功。这样的结果是，孩子可能无法更轻松地学会完成任务所需要的技能，并且他们也可能不会关注到这样一个事实，即他们不会为自己掌握了完成任务的技能而感到自豪和骄傲。相反，他们只会觉得迫于压力并伴随着对负面后果的恐惧，这便成了他们完成任务的动力所在。

即使想要去迎合别人，没有强大执行功能技能的孩子也常常无法回应来自父母的压力或从中获益，这是因为他们必须发展出启动、执行和完成任务的基本能力。这种孩子如果没有成年人的一对一指导，他们甚至可能会觉得无法开始一项任务，可能也会觉得他们的父母没有支持自己，尽管父母实际上已经花费了大量精力来说服他们去完成任务。如果这种情况听起来很熟悉，那么你一定知道提醒孩子开始和组织他的任务有多么耗费心神，而他看起来似乎并没有像你那么关心他自己的责任。

事实上，许多孩子没有这些技能，他们似乎会逃避和不理睬任务，但是他们真正的感觉是无法胜任，并且对于如何计划、开始和完成任务非常迷茫。这种不胜任感让许多孩子回避任务，觉得自己不如那些有很强执行功能技能的同伴。当孩子不具备这些技能时，他们在以后进入大学或开始找工作的时候真的会不知所措，因为人们在这些时刻对他们的期待是可以独立地完成预期目标。执行功能技能是一个总括性术语，包含了许多其他技能，下面将重点讨论目标设定和任务管理。

确定短期目标和长期目标

孩子们和成年人一样，也会为达到他们想要的目标而主动去处理许多任务。作为一名成年人，你要付电费以免断电，你要从学校接孩子回家吃晚饭，你要洗盘子才会有干净盘子可用。孩子们在去学校前会准备好学习用品，在做完家庭作业后会把作业放进书包，这都是为达到某个目标所必须做的。

拥有执行功能技能的孩子可以完美地完成日常目标。如果孩子没有执行功能的能力，他可能会忘记要做什么家庭作业，把完成的作业落在家中，甚至可能不会专注地吃早餐。

因为短期目标往往是实现长期目标的第一步，所以，先制订一个长期目标可能会很有帮助。比如，一名小学生制订了他将来要上一所好大学的目标。如果他愿意努力实现那些能使他达到这个长期目标的短期目标，那么这就是一个现实的目标。

以下是帮助孩子确定短期目标（即时目标或短期内可实现的目标）的一些建议：

• 问问孩子关于他将来的愿望（在下文中，你会学到帮助孩子确定梦想是否现实的方法）。

• 倾听孩子为什么他有这些特定的愿望，在以后必须要坚持不懈的时候，这些原因可以成为他的动力来源。

• 你可以和孩子谈一谈，为了长期目标的实现，当下可以做哪些事情（比如，练习后空翻以提高体操常规训练效果，最终会在全国比赛中取得好成绩）。

• 如果孩子在完成目标的过程中没有坚持，那么你可以提醒孩子这是他的目标，如果他无法达到目标，最终他自己会失望。

• 孩子经常会通过榜样来学习，思考一下你为了实现自己的目标所采取的步骤，然后和孩子讨论这些步骤。

想象一个有许多阶梯达到顶部的楼梯，想象每个阶梯就是短期目标，梯子顶部就是长期目标。有时候，你甚至可以画出一个楼梯的图案，这会很有帮助，让孩子在每个阶梯上写出当前的短期目标，以及顶部的最终目标。可以在已经完成目标的阶梯上涂色，这样孩子就很容易看到自己朝着顶部目标的进展。

短期目标可能会是一个可以快速实现的目标（有时候也称之为近期目标），也可能是比长期目标更容易接近的一个目标。这可能会有点混淆，让我们来看看两个例子。

15岁的马科斯想要加入高中棒球队，这是他的长期目标。每天他和朋友、父母练习击球和投球，当他担任击球手时，达到一定比例的击球命中率就是他的短期目标。他在一个月内实现了这个短期目标，并且之后很快就达到了他的长期目标。

本杰明想要成为一名医生。然而，他目前的长期目标是在化学期中考试中得到一个A。因此，他的短期目标是考试前一周复习所有的笔记和章节总结，并且在复习测试中取得至少九十分的成绩。本杰明实现了他的短期目标，但是对于实现他的长期目标还有点困难。他知道他必须重新复习所学过的每个章节，因为这些内容不仅仅是章节总结都能涵盖得了的。

长期目标不是一成不变的。一个拥有灵活思维的孩子，随着时间的推移，会不断地寻求更现实的目标！马科斯最初认为自己会成为一名职业棒球手。虽然他成功实现加入高中棒球队的目标，但是后来他接触到金融领域，最终在大学专攻商业管理。一个对新信息持开放态度的孩子可以在新知识基础上改变最终的目标。当孩子在考虑目标时，请记住目标是努力实现的梦想。

识别现实的和不现实的目标

年幼的儿童经常会有丰富的幻想生活，梦想成为超级英雄、美人鱼、棒球明星，以及其他难以实现甚至不可能实现的雄心壮志。不现实的目标对小孩子来说很常见。即使年龄较大的孩子也有这些梦想，但是他们会逐渐把这些不现实的目标变为更现实的选择。

当孩子自信地和你分享不现实的目标时，以下内容会有所帮助：
- 接纳他们的创造性思维；
- 承认他们想要达到特定目标的愿望；
- 了解他们为什么要确定这个目标；

> • 在确保安全的前提下（比如，不要像超人那样飞出窗户），允许孩子自己表达他想要的目标；
>
> • 和年龄较大的孩子讨论他的目标时，不要批评或贬低，通过冷静的分析，可以用更现实的方式来满足他那些不现实的想法。

随着儿童执行功能技能的发展，帮助他们区分现实和不现实的目标，会变得越来越重要。

七年级的玛莎想要科学成绩得到B或更好，这是她的目标。她决定在考试前一天开始复习。如果玛莎能更早地区分现实和不现实的目标，那么她就能够意识到这个目标对她来说并不现实，这是因为她整个学期在这门课上都很吃力。艾比认为科学课特别简单，对他来说这就是现实的目标，对玛莎来说却并不现实。

因此，一般来说，并没有明确的现实或不现实的目标，但是在某个时刻，对个人来说，存在着可实现或不可实现的目标。

制订能达到现实目标的步骤

现在，回到楼梯的例子中，花一点时间和孩子讨论一下，他最终想要达到顶部的目标是什么，以及他想要通过哪些步骤来达到这个目标，这会很有帮助。

> 对孩子来说，拥有这种朝着目标前进的步骤组织能力，并不是天生的。以下是促进这种能力的一些建议：
>
> • 和孩子说说你在他这个年龄段时候的例子，在楼梯顶部你想要获得什么样的目标，以及你是如何朝着自己的这个目标建

立的步骤。

• 当父母试图引导孩子努力实现自己的目标时，有些孩子会觉得很无助，他们更希望父母能直接提供答案并为他们解决问题。你可以问一些引导性的问题，但要让孩子积极地参与头脑风暴。

• 以下是一些引导性的问题，可以帮助孩子考虑目标，不过，你需要根据孩子的年龄来适当调整使用的语言。

（a）如果你有一根魔法棒，那么你会改变生活中的哪些部分？

（b）你会努力去让这些变化中的其中一个发生吗？

（c）你的目标是现实的吗？还是你知道这个目标是不可能实现的，仅仅是好玩而已？

（d）你最近想要做什么？

（e）如果你得到了你想要的，那么这会阻止你实现将来的目标吗？比如，如果你错过了许多足球训练而和朋友出去玩，那么你还能参加比赛吗？

（f）为了你的目标而努力，会给你带来快乐或满足吗？

（g）为了实现你的长期目标，现在你必须要采取哪些步骤？

许多孩子会设定这样的目标，比如，"如果我有一根魔法棒，我就可以不上学，我会成天和我的朋友待在一起。"父母需要保持冷静，运用这个短期目标来帮孩子建立批判性思维，这也是需要认真思考做出选择所必备的思维方式。以下是罗伯特（10岁）的妈妈对罗伯特提出的引导性问题以及罗伯特的回答：

妈妈：听起来很有趣，不过一旦你长大了，你可能会希望自己能接受更多更好的教育，这样你就能得到你想要的工作。你之前不是说过你将来想当一名建筑师吗？

罗伯特：是的，但是我现在真的只想成天和朋友们一起出去玩，我以后再用功学习去当建筑师。

妈妈：想象一下，你成天出去玩，然后因为错过很多课程而得不到好的考试成绩。等你长大了，你想无所事事，没有工作，没有房子吗？我觉得你想要一个房子和其他需要用钱买到的物品。

罗伯特：是的，我觉得您说得对。不过我不喜欢您这么理性，妈妈。

妈妈：如果你想要成为一名建筑师，你现在可以开始为这个目标做些什么？（这会是一个短期目标。）

罗伯特：在学校里学习。是的，我现在就是这么想的！

妈妈：还有别的吗？

罗伯特：就像哪些？

妈妈：也许你现在可以挣些钱来买一盒乐高套装，建造一座新式建筑！搭建乐高的结构既可以让你现在感到有兴趣，也会让你朝着你未来的梦想前行。

之后，罗伯特和他的妈妈花时间讨论了罗伯特怎样才能实现这个短期目标，即挣钱买一盒乐高套装。然后，他开始制订一些能实现成为建筑师这个长期目标的具体步骤。他没有花费太多时间在这个长期目标上，不过，这有助于激励他在学校里专注于数学、绘画和其他将来所需的科目的学习。

孩子们并不需要为了十年后可能发生的事情而牺牲现在任何有趣味的事情。但是，你可以帮他们了解到有一些选择会阻止他们实现目标。另外，有时候在考虑长期目标时，你可以帮助孩子意识到，他现在可以做些有趣的事情，这和他们将来想要做的事情是相辅相成的。

学会分解目标的步骤

一旦孩子确定好一个短期目标，就到了开始努力实现它的时候了。

一个日常的短期目标（如果目标很快就能实现，有时候也称为即时目标）可以是完成家庭作业，这样孩子就可以在晚上剩余时间内做其他事情。许多孩子很难主动去写作业。对有些孩子来说，开始做任何任务都是一个挑战。

孩子可能需要有种突然的动力，才会主动去做一些事情，但这种突然的动力很少会发生在一些孩子身上，而你也不可能总是做他的啦啦队队长，所以明智的做法是帮助孩子把这些步骤分解成为更容易管理的、压力更小的部分！

以下是帮助孩子练习分解目标的步骤：

1.和孩子一起讨论，对他来说，什么时候是开始做家庭作业的最佳时机——他刚到家时，吃过点心后，还是甚至晚饭后。

2.在需要休息之前，先预估一下还能学习多长时间，然后再安排休息时间，这样每段时间都不会太久。

3.利用闹钟来设置写作业的开始时间和停止时间。

4.提前想清楚需要哪些材料，让孩子一次性把所有材料放在桌子上，这样就避免了反复在书包里找笔记本或铅笔的问题了。

完成这些步骤之后，看看孩子是否能够独立地开始写作业，或者是否需要更多的指导。如果需要更多的指导，那么本章下面的内容会重点讲述孩子还需要发展的技能。

学会优先排序和时间管理

如果要完成一个项目，有些孩子会不断地思考完成这个项目的所有步骤，但就是无法开始。他们可能会无所适从，不知道如何开始，甚至到最后期限临近还是如此。当孩子们意识到自己无法完成一个项目或者无法为一场大考做准备时，他们会感到焦虑。这通常是孩子们在面临重大任务时的体验，这说明他们还没有学会如何管理自己的时间，以及如何为应对挑战所需要的步骤进行优先排序。

优先排序是完成一项任务的关键因素，可以通过游戏的方式来让孩子学习。在孩子开启一项任务之前，可以让他列出所有需要做的事情（不用担心先进行哪个步骤），可以在单独的索引卡片上写下每个步骤。写好之后，你和孩子就可以看到需要多少步骤。然后，将这些卡片排序，首先做哪个，其次做哪个，等等。对孩子来说，看到排序第一的卡片上相对简单的小任务，压力也会较小。有些孩子在完成卡片上的任务后，喜欢把卡片折成纸飞机。有些孩子喜欢做一个清单，而不是使用索引卡片，并且他们会逐一核对目标实现的每一个步骤，这会让他们直观地了解到完成任务的进度。有时候，你和孩子会从学习目标管理以及优先排序技能中得到乐趣！

以下是教孩子学习时间管理技能的一些小技巧：

• 不要为孩子安排每一项任务和活动。否则，他可能只会习惯于被安排，而不会关注如何自己去安排每个活动的时间。

• 给孩子一定的自由时间，让他自己计划在这个时间里能做些什么（比如，"现在离吃晚饭还有一个小时，你打算做些什么？"）。

• 如果孩子在校车到来之前很短的时间内，却计划了一项耗时的活动，那么你就可以把这件事作为一次教育的机会。

• 在教育孩子时，可以这样问："你认为现在有时间完成这件事吗？你会考虑以后完成吗？还是等到你能够一次完成的时候再开始呢？"

• 教孩子学习如何填写日常时间表，列出他们的活动时间、家庭作业时间、晚餐时间、玩耍时间、上学时间，甚至睡觉时间。

• 对年龄较大的孩子，给他们一张空白的日常时间表。让他们自己规划每天不同的活动，随着时间推移，他们会了解到自己计划的时间是否现实。

对有些孩子来说，进行时间管理可能会更困难。他们倾向于关注当下，对计划和朝着更大的目标努力会感到焦虑，或者难以克制行为冲动、难以专注于细节。

对9岁的亚历克斯来说，难以克制行为冲动和难以专注就是他的实际问题。亚历克斯在7岁的时候被诊断为注意力缺陷障碍，并且需要在白天服药。晚上，到了该写作业的时候，药物作用已经逐渐失效，而他的冲动性、低挫折耐受力和注意力分散影响到他开始写作业和完成作业的能力。亚历克斯的妈妈经常为他制订晚上的时间表，而且亚历克斯会给出自己的意见，但还是无法管理自己的时间。他需要频繁的休息和重新集中注意力。当他完成一小部分作业时，让他觉得有乐趣，这对激励他学习非常关键。他喜欢打篮球，所以他妈妈在单独页面上写下作业的一小部分，当亚历克斯完成这一部分后，他把纸揉成一团，然后把它远距离投入废纸篓里。通过这种方式，亚历克斯做作业还能得到更多练习投篮的机会。他一直尝试去打破投入废纸篓的旧纪录。对他而言，做作业变得更像是一个游戏而不再是压力了。

学会自我激励

想象一下，如果你的孩子能够开启并持续完成任务，而且能够在不被提醒的情况下朝着目标不断努力，而你也不是他继续完成任务的主要动力，那么你的日常生活会有什么不同；如果你知道你的孩子能够激励自己开启任务，对完成任务的步骤进行优先排序，并且能够完成任务，那么你的焦虑感会降低多少。如此一来，许多父母还有空闲时间可以享受，听起来是不是很感兴趣？

当然，帮助孩子学习自我激励技能的重要理由是，在他们长大离家后可以继续激励自己。著名物理学家牛顿认为，一个静止的物体倾向于维持静止状态，一个运动中的物体倾向于保持运动状态。这个理论也适用于人。一个经常黏在电视或电脑前的孩子通常会在那里待很长时间，尽管有时候这并没有什么错，但是让我们来讨论一下如何帮助孩子离开那里，提高效率。

幼儿常常热衷于去尝试新任务和新体验，比如爬行、走路、说话和学习。让孩子通过接受这种自我激励来实现以后的目标，可以对孩子尝试新事物的意愿产生很大的影响。然而，通过支持孩子的探索来养育孩子并不总是那么简单。

　　3岁的克洛伊参加了夏令营，她最喜欢的活动是游泳。有一天，克洛伊在游泳后不想让辅导员帮她穿鞋，她自己设法穿上了鞋，并且自豪地向其他孩子和辅导员展示这个成就。辅导员很难做出决定，她既想要保护克洛伊的自尊心，又想要指出克洛伊把鞋穿反了。如果你是辅导员，你会怎么做呢？

　　辅导员决定让克洛伊享受她自己的成就，并且让她反穿着鞋回家了。辅导员计划在第二天给孩子们演示一个游戏，在这个游戏中他们可以搞清楚哪只鞋适合哪只脚。与此同时，克洛伊的妈妈发现女儿回家时穿反了鞋子，立刻打电话给辅导员，表达了对辅导员"忽视"行为的不满。然而，克洛伊的妈妈听到辅导员这样做的理由之后，冷静下来说："谢谢！我忘记关注她的收获，而只注意到了错误。"

当孩子觉得尝试很安全时，自我激励就会增强，即使这种努力不会立即带来完美、胜利的结果甚至是进步。

以下是培养孩子自我激励的一些方法：

• 称赞孩子努力的过程，而不只是称赞结果。

• 问问孩子对承担任务的感受，以及一些积极的情绪（这样他就知道他所做的事情是让他自己高兴，而不仅仅是为了取悦你）。

• 如果你相信孩子可以自己开启任务，那么不要急于去帮助他，但要提醒他关注自己在开启任务之后的感受。

• 孩子会学习父母的优点。如果你能够自我激励，那么你可以向孩子展示你是如何开启一项任务的，以及是什么在激励你继续前行。

• 如果你抱怨自己的任务，那么你可能在无意中让孩子觉得开启一项任务是有压力的和苦恼的。

你可能听说过关于激励孩子的行为改变方法。这是一个很有用的方法，可以激励孩子为了一些好处或短期奖励而工作，有助于孩子主动承担责任。成年人经常也会有一些行为改变方案，甚至是在他们没有意识的时候。有多少销售人员为了获得年终奖而格外地努力工作？奖金就是他们的报酬！

如果你决定和孩子一起制订一个行为改变方案，就要具体说明你的目标是什么，确保这个目标是现实可行的，并且具体说明"奖励"是什么。非物质奖励（比如，和最喜欢的亲人一起出去吃早餐）通常和物质奖励一样有价值。然而，如果对孩子所做的一切努力都奖励，那么孩子可能仅仅是为了奖励而努力，而不是为了成就感。这是一种平衡行为。如果奖励能给孩子带来自食其力和自我激励的自豪感，那么这就是一个很好的工具。如果奖励变成了目标本身，那么这就更像是一种贿赂，应该进行重新考虑。

坚持不懈不是机械式重复

如果孩子可以自我激励，也能开始并优先安排任务，那么接下来需要做的就是坚持不懈，监控进度，以及关注目标。在完成任务时，可以让孩子把大任务分成更小的部分，这样孩子会感到更轻松，也不会觉得无所适从，他们能一次完成一些小任务，会觉得把大任务分解为小任务是有好处的，这有助于他们坚持下去。

当孩子筋疲力尽、注意力难以集中时，他们很难坚持下去，而且很容易受挫。你可以选择在孩子能够集中注意力的时候，并且在他坚持开启任务之后，问一问他对自己感觉如何。这个简单的问题能激励孩子自我监督："当你知道自己这么努力工作，并且在今天完成了你希望完成的事情时，你有什么感觉？"

关于坚持不懈的棘手部分是，孩子有时会过度关注于某种想法或方法，这种想法或方法会转变为一种重复性的、机械式的维持，这就是我们在第二章提到过的机械式重复。机械式重复意味着一遍一遍地做着相同的事情，而并不会达到预期的目标。

莎拉和丽贝卡都是11岁，她们都决定在学校里好好表现。当社会科学课的老师布置了一个社会学研究项目的作业时，即使截止日期在三周以后，她们俩都很快就开始启动了这项任务。莎拉回到家后，先对她的计划做了一个大纲。然后，她运用这些信息，还有时间管理技巧，把任务分解成更小的可行部分。她针对每个小部分工作，并且在需要的时候求助。莎拉在截止日期前五天就完成了这个项目，然后检查和练习向家庭成员做演示。在截止日期到来时，她上交作业感到很轻松。莎拉通过坚持不懈且努力工作来达成目标。

丽贝卡在完成项目上也很努力。她计划介绍某个民族的历史和文化信息。她对自己的计划感到很兴奋，她准备用这个民族的人曾经用过的某种材料做一个毯子。她花了很多时间去找这种材料，来学习如何制作毯子。遗憾的是，她在进一步研究之前，过于关注去获得材料，而让她在截止日期之前无法完成这个项目。丽贝卡和莎拉一样，花了许多时间来做这个项目，但是她没有完成项目。这是因为她专注于一个始终无法达到的目标。她没有请教其他人，以了解有没有其他策略会比她的策略更有用，她只是不断地在各种网站上搜索她要找的材料。在她做项目的时间里，她也从未尝试过是否可以从其他地方获得这些材料。显然，丽贝卡是在机械式重复（重复但没有进展），而不是坚持不懈（重复并稳步前进）。

这个案例说明坚持不懈地完成一项任务是多么有益。有时候，这种专注于一项活动的行为被称为强迫行为。像莎拉坚持不懈完成她的项目，外科医生在做手术之前总会检查每台仪器，飞行员反复检查引擎和工具，这些都是人们展现出健康强迫行为的例子。

强迫行为和强迫症不同，强迫症是一种导致人产生毫无意义的重复性思维和行为的疾病。而健康的强迫行为有很多优点，比如高效、有条理、认真思考，以及考虑积极、现实的目标。换句话说，如果一个人花时间来认真思考任务，并且组织好如何实现目标，那么这就会变成一种优势，而不是劣势和精神障碍诊断。在生活中，如果没有一定程度的强迫性特质，一个人可能很难发挥高水平状态。

为什么灵活性思维很重要？

你是否曾经尝试过做一些事情，结果遇到一个大障碍，让你迫不得已改变自己的策略？能够调整你的计划是灵活性思维的一个例子。灵活性思维可以让我们避免挫败感。因为当我们意识到自己的方法不奏效，仍然更努力地用相同方法时，只能得到相同的结果，这会让人产生挫败感。例如，如果家里来了客人，需要改变孩子的学习时间，那么要让孩子成为灵活的思考者，可以让他重新调整学习时间。成为一名灵活的思考者意味着有时候必须要重新评估和改变短期目标，也意味着有时候可以根据收集到的新信息而改变观点。

为了帮助孩子发展出灵活性思维的技能，这里有一些小技巧：

• 晚饭后，你可以和孩子进行一个"我会怎么办？"的游戏。在这个游戏中，创建一个与密室游戏相似的场景。这种场景可能是孩子在现实生活中会遇到的，也可能是更普遍的场景。通过设置一些障碍，可以看到你和孩子怎样重新思考这些情况，并且想出新方法来解决问题。

• 和孩子说一说你在他这个年龄时的现实情况，在那时你是怎样使用灵活性思维并且重新思考你的计划的。通过你所说的事情，你就是在给孩子做灵活性思考的示范。

• 在日常生活中，孩子有时候会改变计划或者试图解决问题，却没有结果，那么这就是一个你和孩子讨论替代性方法或对策的真实机会。

好奇心如何激发动机？

正如你在本章中所看到的，发展出执行功能技能的孩子能够这样想："尽管我要开始做一项我不喜欢的任务，但我还是会设置目标，优先排序，然后坚持不懈，直到完成任务！"此外，培养好奇心是支持孩子的另一种方法，好奇心会让孩子变得有动力开启并完成任务。毕竟，一个好奇的学习者是主动寻求知识，而不是被动地接受知识。

永远不要觉得孩子探索学习的乐趣和汲取知识的力量太早。如果你总是告诉孩子一些事实，并且要求他记住这些事实，那么孩子就有可能成为被动学习者的风险。相反，鼓励好奇心和求知欲可以引导孩子自己寻求更多的知识。如果孩子在完成任务时想要寻求额外的知识，而这看起来可能与他应该做的事情不相关，并且他可能必须要重新关注手中的任务，而学到的额外知识在以后可能会非常有用，那么你需要重点思考的是，此刻是否要支持孩子短暂地偏离任务正题而进行其他探索。

通常，很多家长会在直接告诉孩子事实和引导孩子学习找出解决问题的方法这二者之间寻求一个平衡点。当父母和孩子一起研究孩子提出的问题时，这不仅有助于孩子发展研究技能，而且还强化了父母重视孩子好奇心的问题以及与孩子一起探索答案的意识。

有时候，父母不需要特地去培养孩子的好奇心，只需要在好奇心自然出现时表示欣赏即可。

> 1 岁半的杰瑞米刚学会爬台阶和打开厨房的橱柜，他经常会咯咯笑和拍拍手，这是一个欢笑和喜悦的时刻。当然，你要提前做好婴儿防护工作，这样不仅能保护孩子的好奇心，也不会导致孩子触及打开的电源插座，不会在厨房的橱柜里发现化学物品，以及不会找到可能会被吞食的药片。

与蹒跚学步的孩子不同，十岁左右的青少年可能不会明显表现出对新成就的愉悦，但是有可能出现同样的兴奋。如果没有的话，你可以通过鼓励他的好奇心去思考、了解和尝试新事物，来重新创造学习的乐趣。请记住，孩子时时刻刻都在学习中，而不仅仅是在学校里才叫学习。当孩子无意中听到你对某个想法的好奇心和兴奋感时，你也是在示范创造性地"跳出框框思考"的重要性，以及任何年龄的人都可以表达对想法的兴奋之情。

通过找到适合自己的学习风格发展执行功能技能

关于学习风格，有许多研究和讨论。一些研究者认为学习风格的讨论不适用于教育，而其他研究者则认为学习风格在教育领域占有一席之地。我们相信找到适合孩子的学习风格，并且和孩子一起讨论这个问题，会非常有帮助。那些了解自己学习风格的人可以使用这些信息来发挥自己的优势。就像好奇的学习者一样，有自我意识的学习者可以通过对自己的学习负责，进而发展出执行功能技能。

思考一下，你是否有自己喜欢的学习方式，比如通过视觉、听觉、动觉（动手）等等。当你在学习知识、完成任务、安排生活时，你是否会更依赖其中一种感官形式（比如听觉、视觉）？同样，孩子也可能有一种更适合他个人的首选或更轻松的学习方式。比如，有些孩子在有社交元素（如小组学习）时学习效果最好，而有些孩子可能通过模仿来学习，还有许多孩子通过多种感官相结合来进行学习。

查尔斯的老师起初认为查尔斯上课时像在做白日梦，因为他总是看着课桌而不看老师。后来老师得知查尔斯听课时很容易被视觉输入分心，他是一个很强的听觉学习者，老师知道这些事对查尔斯很有帮助。事实上，查尔斯上课时很专心，他把目光转向别处，以便更充分地专注于听觉输入。特里西亚则在接触物品（如数学操作、科学材料）时学习起来要容易得多，因为她是一个动觉学习者。可见，并没有一种所谓"正确"的学习方式。

花些时间来找出适合孩子的学习方式，甚至可以问问孩子他认为怎样学习最简单，然后可以和孩子的老师讨论。当一个年龄较小的孩子正在努力完成一项作业时，你可以帮助他用自己喜欢的方式来完成这项作业。当一个年龄较大的孩子抱怨没有理解或者无法专注于作业时，你可以这样问："对你来说，你觉得怎样才能让这个信息更容易'消化'？"然后帮助他找到他喜欢的感官方法。如果你能多花些时间引导孩子运用多种感官来学习，并且教会他如何承担自己的学习责任，那么在今后他会做自己的支持者，并且利用他自己的独特优势来建立对学习的支持。

本章总结

在本章中，你了解了一些关键的执行功能技能，这样你就可以帮助孩子发展这些技能。在这些领域里有能力不仅对学习有价值，而且对生活也很重要。在接下来的两章中，你将了解到，强大的决策能力和挫折耐受力也能使孩子在长大离家后变得更加独立。

第四章

决策能力：
引导孩子做出正确的决定

当孩子拥有决策能力和解决问题的能力时，他们正朝着成功独立的道路前行。为了发展这些能力，孩子要学会如何评估所有的选择，以便在特定情况下做出最佳选择。他们一旦学会这样做，就能够更好地运用批判性思维技能。另外，学会妥协和谈判的方法，以及如何处理人际关系、学业和日常挑战，都能提升孩子的自信心。

如你所知，父母在帮助孩子发展解决问题的能力方面起着非常重要的作用。在本章中，你会学到一些重要方法，帮你发现那些你能顺其自然进行示范或传授决策技巧的"教育时机"。事实上，孩子在成长的各个阶段给我们提供了许多这样的时刻。你可能不止一次听到孩子（从学步儿到青少年）说："不！我想按我的方式去做！"此时，如果孩子的处理方式不会让他处于危险之中，那么你可以抓住这个机会，避免和孩子产生冲突，同时你仍然可以提供一些选择，以及告诉孩子他做出的选择有可能产生的积极和（或）消极结果。

在进一步阅读本章之前，花时间思考一下，你是如何培养孩子的决策能力和解决问题的能力的。

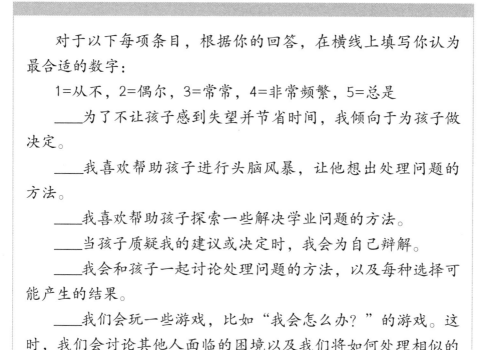

对于以下每项条目，根据你的回答，在横线上填写你认为最合适的数字：

1=从不，2=偶尔，3=常常，4=非常频繁，5=总是

_____为了不让孩子感到失望并节省时间，我倾向于为孩子做决定。

_____我喜欢帮助孩子进行头脑风暴，让他想出处理问题的方法。

_____我喜欢帮助孩子探索一些解决学业问题的方法。

_____当孩子质疑我的建议或决定时，我会为自己辩解。

_____我会和孩子一起讨论处理问题的方法，以及每种选择可能产生的结果。

_____我们会玩一些游戏，比如"我会怎么办？"的游戏。这时，我们会讨论其他人面临的困境以及我们将如何处理相似的情况。

在不同成长阶段发展出决策能力和解决问题的能力

随着年龄的增长，孩子更能权衡每种选择，能够思考那些超越是否的决定，并且他们更加能预期每种选择的可能结果。孩子的年龄、性格、成熟度、反思能力、应对策略和全盘考虑选择的能力，都会影响到最适合教孩子独立决策的养育方式。当你需要考虑这么多因素时，谁会说养育孩子容易呢？坚持住！

当然，和其他兄弟姐妹或朋友的发展阶段进度相比，你的孩子有略微的差异是很正常的，这并不意味着你有任何理由去担忧。不过，当你阅读以下内容时，你需要了解概括性的指导原则，以及你需要确定哪种策略最适合你的孩子。

学龄前阶段

在第一章中，我们提到了"可怕的两岁"这个概念，这个具有挑战的阶段是开始教孩子如何做决定的最佳时机。一个学步儿每天都要面临如何做决定，比如是使用坐便器还是用纸尿裤，是用杯子还是用奶瓶，以及当他学会走路时是选择走路还是继续爬行。

当你的孩子还是学步儿时，你可能喜欢看他去探索，但是当好奇的学步儿试图探索一个电源插座或是试着弄清楚如何打开门跑出去玩时，父母通常会处于"高度警惕"状态。在家里安装儿童防护措施（比如，使用电源插座盖，锁住橱柜和外面的门，确保易碎物品、有毒物品和其他危险物品都置于孩子够不到的地方）的好处之一是，孩子会有更多的机会在没有危险的情况下进行探索。

当孩子在艰难地做决定时，你可以和他开始简单讨论不同的选择以及每种选择的结果，这对孩子很有帮助。

维吉在她的姐姐离开房间之后，她一只手里拿着奶瓶，另一只手去拿她姐姐的塑料杯子。如果维吉的爸爸说："不行，你有奶瓶了，那个杯子是你姐姐的。"那么就会错失一个教育机会。幸运的是，维吉的爸爸知道早期决策的重要性，他是这样说的："看起来你既想要奶瓶又想要杯子。今天你可以两个都拿到，不过，这个奶瓶是给小小朋友的，这个杯子是给大一点的小朋友的。因为这个杯子是你姐姐的，我可以给你另外一个杯子。你可以试着用杯子来喝一点牛奶。让我们看看，现在你更适合用奶瓶还是杯子。"

刚开始，维吉没有任何语言回应，而且表现得好像没听见爸爸说的话。然而，当她爸爸给她一个新杯子时，她立刻就笑着扔掉她的奶瓶。她伸手接过杯子说"我的！"。维吉做出了这个重要的决定，她感到非常开心！虽然她有时候仍然需要奶瓶，但是她可以根据自己的愿望来做决定，是像姐姐那样用水杯还是疲惫时用奶瓶来安抚自己。维吉的父母认为对她说"不"要在她可能面临危险或不可逆的状况下。父母的这种理念给了维吉更多的空间去探索自己的决定和决定带来的结果。

在学步儿时期，大多数孩子都对长期后果没有概念。显然，因为他们甚至连生活的时间都还没有太长，所以"长"这个字在他们头脑里可能意味着几秒或几天。关注他们的思维和决策过程，帮助幼儿做出明确的决定，并具有适应性和灵活性，是需要传授给他们的重要早期技能。

小学阶段

到了孩子上小学的时候，特别是七岁半以后，他们通常会发展出基本的认知能力来推理，考虑后果，试着说服别人来支持自己的目标，并开始为一些有挑战的状况寻找解决方案。此时，过度保护的父母可能会向孩子传达这种信念，即父母总是比孩子更了解情况，孩子在自己做决定之前，应该先问问父母自己需要做什么。在进入青春期之前，在孩子"要求"更多的独立性但又没有独立的技能（包括认识到结果）之前，帮助孩子发展出决策和解决问题的能力是非常重要的。以下是孩子在此期间需要学习的一些重要技能。

批判性思维能力。通过向孩子解释你所做决定背后的理由，你可以帮助孩子学会使用类似的策略。

你可以通过以下方式来教孩子解决问题所需的批判性思维技能：

• 和孩子讨论你是如何思考一个问题以及你是如何做出决定的（因为孩子只是通过观察你的行为，他并不总是很清楚）。

- 和孩子讨论情绪没有好坏之分，但是决策通常由事实和结果来决定。
- 和孩子讨论如何学会倾听朋友的观点和目标，可以帮孩子更具同理心，并且学会以不同的方式看待问题（拥有这种能力也可以帮助孩子解决友谊中的冲突）。
- 着重强调你是如何通过循序渐进的思考（类似于第三章中设置目标的阶梯方法），把解决问题的计划分解成更可控的步骤，来做出决定的。

妥协的能力。 告诉孩子，有时候愿意接受比预期少的东西是非常重要的。

以下是一些可以用的方法：
- 愿意倾听孩子的要求，这样你就能知道如何运用这些信息来达成妥协。
- 当你和孩子做出妥协时，给这个行为贴上标签，并强调这样一个事实，即你们都放弃了一部分自己想要的以达成协议。
- 如果孩子变得沮丧和抗拒，并且不想妥协，但是你知道这是满足他一些愿望的唯一方法，那么，在你拒绝他的所有请求之前，给他一点时间来思考。
- 告诉孩子，一开始就和朋友妥协可能很困难，但是能够带来更好的关系。

权衡利弊的能力。 在第三章中，你已经了解了帮助孩子识别短期目标和长期目标的方法。明确目标是做出决策的重要因素。比如，是熬夜看棒球比赛，还是在第二天早晨清醒地参加测试，要做出这个决定是一种短期目标和长期目标之间的冲突。做出决策意味着思考哪个目标更重要。

埃迪的短期目标是看比赛，但是他想在数学考试中取得好成绩，因此他选择只看一半比赛，然后录下其余的比赛，等到考试之后再观看。

以下是一些帮助孩子权衡利弊的策略：

• 问问孩子在他做出某个决定后，他即刻的感觉和几天以后的感觉（比如，熬夜看比赛，但是由于太累而无法在考试中正常发挥）。

• 鼓励孩子思考做出决定的结果，不仅仅是对自己，也包括他的朋友、家人和其他人。

• 向孩子解释，有时候维系友谊的目标比永远正确或按自己的方式行事的目标更重要。

• 提醒孩子，思考现在他需要做什么才能达到以后的长期目标。

积极的自言自语。你是否觉得自言自语会很尴尬？事实上，自言自语很有意义。当你独自一人时，你可以大声说出来；当你在公共场合时，你可以在心里说出来。虽然积极的自言自语是一个有用的工具，但是你可能需要花一点时间来让孩子相信这一点。

自言自语包括消极的和积极的两种截然不同的自言自语。消极的自言自语出现在自我贬低，说服自己无法成功或不如别人的时候。

当菲利普的朋友都在尝试参加学校戏剧试演时，他却告诉自己："我做不到。如果我尝试的话，那我只会看起来很傻。"菲利普使用消极的自言自语来说服自己不去尝试戏剧试演，结果是他错过了朋友们享受到的乐趣。

相反，积极的自言自语可以帮助人们克服困难，获得自信心，并且在想要放弃任务时能够拥有坚持下去的动力。

以下是一些鼓励孩子运用积极的自言自语的方法：

• 你可以通过大声说出来，给孩子进行示范（比如，"我觉得尝试射箭的感觉很棒，即使我以前从未试过，甚至还不如一个孩子！最初，我觉得自己看起来很傻，但如果错过这个学习机会，我会觉得自己很蠢。"）。

• 讨论消极的自言自语可能造成的伤害，而积极的自言自语会很有帮助（比如，"只关注到你在考试中没有得到满分，这并没有什么好处。相反，你可以为得到一个高分而感到自豪，并且你能够从错误的问题中吸取经验。"）。

• 和孩子讨论，如果相信自己"不能"会怎样让任务变得更困难，而相信自己"能"却可以增强动力、自信心和毅力。请记住，仅仅一个简单的"不"字就可以区分出是相信自己还是感觉挫败。

冷静下来做出正确决定的能力。许多人，包括成年人，都会热衷于一个观点，或者坚持要立即实现一个目标。

8岁的西恩想要和朋友一起玩电子游戏，但当时他的哥哥正在和朋友玩这个游戏。西恩提出这个要求，当他的哥哥没同意时，他很生气地夺走了游戏机。而他的哥哥又想抢回来。结果就是游戏机被摔成很多碎片散落在房间。因为西恩冲动地决定去抢夺，所以没人能够再玩这个游戏。当西恩冷静下来后，他承认那天他没有使用最佳策略。一开始他提出要玩游戏的要求，他知道可以等到哥哥玩完游戏，然后他就可以玩。西恩也知道他还可以和朋友一起玩其他有趣的游戏。他觉得如果他冷静下来做出正确决定，那么这个问题会得到更好的解决。

以下是一些能帮助孩子冷静下来的方法：

• 帮助孩子意识到，大声讲话、大喊大叫或大发脾气，会延迟别人听到他的想法的速度，而不是起到加速的作用。

• 鼓励孩子学会识别自己会冲动的时刻（即使是孩子也会冲动，即便他可能并不想这样！）。

• 告诉孩子，当他感到冲动时，进行一个"思考任务"可以帮助他冷静下来（比如，从10开始倒数或从100开始倒数七秒钟的数学游戏，想象一下马上去野营旅行需要准备什么东西）。

• 设置一个计时器，在预设时间之内不进行讨论（通常10分钟就足够了）。

• 为孩子树立榜样，通过适当的语言告诉孩子你是如何使用合适的方法来处理冲动性愿望的。

• 鼓励孩子练习通过鼻子缓慢吸气（好像闻到了一股香味），然后用嘴呼气（好像在努力吹凉热汤）。

青少年时期：成年之前的最后阶段

当你的孩子处于青春期阶段时，你要做好时刻会感到焦虑的准备。毕竟，这就是他们独自冒险的时候。在青春期，许多孩子开始考虑向外扩展，花更多时间和朋友们在一起，希望自己能越来越多地做决定。因此，在这个时期让孩子更深入地思考解决问题的方式，以及做出有利而非破坏性决策，这会很重要。当你对孩子提出要求和给予非评价性支持的时候，你可以以一个决策顾问的身份来为孩子提供指导。通过这种方式，孩子就更能依靠自己的判断，并且你也会越来越信任他们在离家后的判断能力。

尽管你在前文读到的用来支持小学阶段儿童的技能培养的方法在这个阶段仍然适用，但现在让我们来讨论一些适合青少年的更高水平的技能以及如何做到！

讨论而不是争论。让孩子分享、探索、评估，并且有时反思自己对问题的看法和做出的决定，是他最大限度地减少做出冲动性决策和选择最适合情况的决定的关键。本质上，你可以把自己看作一个向导和导师。有时候，家庭里的一些活动或情形可以让你的青春期孩子参与决策，你可以指导他。比如，一起计划一次度假，选择一辆新车，或者商量怎样才能为生病的祖父母提供最好的照料，这些都是让孩子参与决策过程的好机会。

然而，作为孩子的支持性的导师并不容易。例如，如果你的16岁的孩子坚持要参加一个没有成年人监督的聚会，你会怎样处理这种情况？你可能需要准备应对孩子重复坚持的强调："我要去，没事的！"

作为父母，你要做的是和孩子讨论而不是争论，包括：

• 暂停（这样你就不会感受到孩子即刻回应的压力）。

• 让自己平静下来（这样孩子就不会认为你只是情绪性的反应）。

• 具有同理心（想想你在这个年龄时的感受，在当时这个问题看起来有多重要，以及你对这些问题的感受有多强烈）。

• 留出时间和孩子进行交流。

• 倾听。

• 重诉孩子的观点（比如，如果孩子说："您就是不明白！"你要冷静下来并真诚地表达："不，我理解你的想法，我只是不同意你的决定。"这样做很有帮助）。

• 告诉孩子你认为这不是个好决定的原因（如果你仍然不同意）。

• 再次倾听。

• 看看是不是存在妥协的可能。

• 如果你确定孩子做的决定是错的，那么你可以和孩子讨论这将会怎样伤害到他（然后告诉孩子："我理解你为什么想去，但是我不能答应让你去。"）。

• 如果孩子因为你不信任他而感到受辱，那么你可以向孩子解释，这是因为还有其他陌生人参加聚会，你不能确保你可以相信所有人，以避免出现令人担忧甚至具有潜在危险的情况。

• 提醒孩子，你曾经也尊重并同意过他的决定，提醒他如果在这种特殊情况下仍然按自己的意愿行事可能会产生的潜在严重后果。

• 如果你发现你必须限制并阻止孩子的决定，那么请记住你此时并不是他的朋友，而是他的向导。

随着孩子越来越大，你可能会有更多妥协的情况，因此，当你做出坚定的决定时，并不会剥夺他全部的独立性。

在整个讨论过程中，最重要的是解释你的理由，而不是批评孩子的想法。孩子，特别是青少年，如果感到受到父母的批评或担心自己会让父母失望，他们就会不太愿意和成年人分享他们的想法、计划和问题了。

恰当地使用幽默。当你希望和处于青春期的孩子进行讨论而不是争论时，恰当地使用幽默是一个很有价值的工具。然而，当使用幽默的时候，在适当的幽默和嘲笑之间有一条细微的分界线。甚至当你在恰当地使用幽默时，敏感的孩子可能也会认为这是嘲笑、挖苦或在贬低他。因此，重要的是要考虑孩子的感受，以及运用幽默是否会对你们的讨论和你们的关系有好处。

恰当的使用幽默通常是指不带说教地表达观点的能力。在你们彼此交谈产生距离时，可以把你们联结到一起。下面就是一个恰当使用幽默的例子：

伊恩（15岁）：爸爸，我想在明年16岁的时候辍学，法律允许这样。

父亲：听起来像一个计划。那你想要做点什么呢？

伊恩：（对他父亲的反应感到惊讶。）我想和我的朋友艾米丽一起搭顺风车游遍全国，看看风景。

父亲：听起来挺令人兴奋的。你觉得艾米丽的父母会同意吗？

伊恩：可能不会。如果她不去的话，那我一个人也会玩得很开心。

父亲：好的。你会怎么支付自己的旅行费用呢？

伊恩：您不能支付吗？这会非常有教育意义！

父亲：伊恩，我比你大30岁。如果我要给某个人支付全国旅行的费用，那么，这个人就是我自己！（这种轻松愉悦的幽默能把父子联结到一起，而不是分开。）说真的，你知道对你来说，以后有许多时间可以去冒险。我担心你为了一次冒险经历，而牺牲掉你的教育和未来的目标。我可不希望以后你想要拿到高中文凭，而不得不回去参加高中同等学历考试或寻找其他途径来获得学分。

伊恩：等等，虽然我可以在16岁的时候离开学校，但是我得不到文凭吗？

父亲：没错。你必须完成所有学分才能得到文凭，一般来说是四年时间。即使你在今年参加暑期学校，你也无法完成文凭所需的所有学分。

伊恩：哦，我没有想过这个问题。（几秒钟以后。）不过，一次公路旅行应该会很好玩！

父亲：是的，应该会很好玩，我都很想和你一起去。只是实际情况不允许。

在这个例子中，你可以看到带有尊重的幽默有助于避免争论。

当约瑟夫提出类似的想法时，他的爸爸大吼一番，说约瑟夫太不切实际、不现实以及被宠坏了。结果，他们的关系在对话后更加紧张，而伊恩却觉得和他父亲更亲近了。

当你使用幽默的时候，请确保孩子感到你在表达自己想法的同时尊重他的感受，并且你仍然重视孩子的想法和观点。有时候，使用幽默是一种用来说明青少年提出的要求不切实际的好办法。然而，对有些青少年来说，他们从来没有觉得幽默的方式是对他们的支持。对这些孩子来说，可能要避免幽默的方式，以减少被误解的机会。

角色扮演。处于青春期的孩子可能会认为角色扮演不是一个更高层次的技能，这是因为幼儿在发挥想象力的时候经常会采用角色扮演。然而，在这个阶段，角色扮演有着不同的目标和不同的形式。角色扮演可以帮助青少年继续发展他们的观点采择和建立共情的能力。

14岁的斯蒂芬妮回到家告诉父母，她再也不想理睬她曾经当作永远最好的朋友梅兰妮了，因为梅兰妮取笑她是个"书虫"和"书呆子"。斯蒂芬妮感到被羞辱和被贬低，同时也惊讶于亲密的朋友竟然会侮辱她。斯蒂芬妮的妈妈首先承认了女儿的感受，然后鼓励女儿和自己一起进行角色扮演。斯蒂芬妮扮演梅兰妮，妈妈则扮演斯蒂芬妮的角色。以下是她们的对话和由此产生的一些见解：

斯蒂芬妮（扮演梅兰妮）：你就是一个书虫，一个十足的书呆子。

妈妈（扮演斯蒂芬妮）：啊！你这话让我很伤心。我以为咱们是好朋友。

斯蒂芬妮（扮演梅兰妮）：啊？我们当然是好朋友。你不觉得你听到的是一句赞美的话吗？

妈妈（扮演斯蒂芬妮）：我从来没听说过这样的赞美。听起来像是你在羞辱我。

斯蒂芬妮（扮演梅兰妮）：（停顿了一下。）也许吧，我也不太确定。我并不是这个意思，也许我有点嫉妒你花那么多时间学习，以至于我都看不到你。当然，你的成绩比我好。

通过这种角色扮演，斯蒂芬妮能够试着思考她的朋友可能的想法和感受。斯蒂芬妮不再生气了，并且准备和梅兰妮进行一次真正的对话。第二天，斯蒂芬妮毫无抵触地和梅兰妮聊天。梅兰妮对斯蒂芬妮有受辱的感受很吃惊，她认为自己只是在开玩笑，然后她承认自己有时候会嫉妒斯蒂芬妮的学习时间和成绩。她们最终增进了对彼此的了解，并且继续保持着亲密的友谊。

另一种有帮助的角色扮演形式，就是你们两个人的角色互换，即你让孩子扮演你（父母），你则扮演他的角色（孩子）。当父母和孩子认真扮演的时候，孩子会感觉到你真正理解他的观点，你也会发现孩子现在能更好地理解你的反应。

有时候角色扮演很有帮助，而有时候却不太适合。比如，当孩子正在情绪激动时，这是他需要倾听和支持的时候，你可以暂时把解决问题的探索推迟到以后再进行。

头脑风暴。一个人能够通过头脑风暴来应对某种情况。一个团队的人可以一起加入到头脑风暴中，分享更多不同的想法。让你的孩子知道家庭就像一个团队，比任何一个成员都要强大，这样在你提供帮助时，他就不会有太强的心理防御，也不会担心你不相信他解决问题的能力。

如果在早期阶段，你和孩子曾作为一个团队的成员一起进行过头脑风暴，那么现在当你们一起努力来寻找解决问题的最佳方案或实现目标的最佳方法时，你会遇到更少的阻力。如果孩子在小时候就有机会和你一起进行头脑风暴，寻求处理问题的最佳解决方案（当然是适合与他分享的问题），那么他更可能意识到一起头脑风暴是一种力量的表现。

通向目的地的道路往往并不只有一条，但是常常会有更快或者更高效的道路。然而，更快、更高效的途径并不总是最好的。因此，当你们进行头脑风暴的时候，探索每个计划的潜在结果，会非常有帮助。

在头脑风暴的时候，你可以示范自己如何考虑所有可能的不同选择。通过思考一种以上的行动或反应，你会展示出发散性思维。发散性思维是以各种不同的方式处理既定状况的能力。

以下是一些能帮孩子发展出发散性思维的方法：

• 在头脑风暴的时候，鼓励孩子"突破思维定式"（比如，要有创造力，尝试找到各种解决问题的方法）。

• 头脑风暴不但对小学生很有帮助，而且现在甚至变得更重要，现在的问题和决策更复杂，行动也会包含许多负面后果（比如，是否放弃一项活动，是否参加一份课后工作）。

• 帮助孩子思考怎样才是最佳反应，这样他可以达到自己的目标。

• 帮助孩子思考一下，别人（如朋友、亲戚、老师）会如何回应他的行为。

• 在头脑风暴中，当孩子发展出更成熟的推理和决策技能时，你可以慢慢地变得更被动。

头脑风暴游戏："我会怎么办？"

很多孩子都和家人玩过一种头脑风暴的游戏，并且很喜欢，这个游戏叫作"我会怎么办？"。在乘车或吃饭时玩这个游戏会很自然。这样做的目的是让谈话更轻松，也会让所有家庭成员（甚至幼儿）参与其中，进行头脑风暴来找到他们对于假设情况的反应方法。通过假设情况，任何人都不必感到有压力做出影响自己生活的决定。无论如何，通过关注这些假设情况，我们可以分享想法，关注解决问题的发散性思维，同时享受其中。

以下是这个游戏场景的一些想法：

• 如果你的朋友要抄你的作业，那么你会怎么办？

• 当你在等待付钱买新裤子时，如果有人在你前面插队，那么你会怎么办？

• 如果你发现森林里有独角兽，那么你会怎么办（只是一个有趣的思考）？

• 如果你的亲密伙伴告诉你，不要和你的另一个朋友说话，并且给了一个模糊的解释，比如"我不喜欢他"，那么你会怎么办？

帮孩子做出正确决定的几点建议

尊重地表达观点会敞开对话的大门。还记得你还是孩子的时候，你不同意父母的想法或决定吗？有时候你甚至不听父母的话，你传递给他们的信息是："我是我，你们是你们。我想要自己做主！"即使是一个学步儿也可能试图表达这个想法，只不过他可能是通过动作而不是语言来表达。当然，青少年经常会表达这种想法！

当孩子传达的信息是他要坚持以自己的方法来处理状况时，这会让父母和孩子的讨论以及观点探索变得具有一些挑战。幸运的是，当孩子平静下来而且没有想去阻止你的想法时，你们就有机会进行那些富有意义和成效的对话。在这些时刻，你可以选择列出现有决策的一些自然后果，或者你也可以选择关注最终的目标。

考虑后果

孩子经常会取悦成年人，避免一些消极后果。在决策讨论中，你有机会帮助孩子学习如何做决定，以及如何设置他的目标，并努力实现目标。如果孩子懂得了这个道理，那么意味着即使他不想做家庭作业，他也会考虑不做作业的潜在消极后果以及做作业的长期益处。通常来说，在权衡利弊之后，自信的孩子即使有时不情愿也会决定选择做家庭作业，以实现课业成功的目标或是将来和朋友一起获得荣誉的长期目标。

孩子并不总是同意父母的建议，他们有时会拒绝妥协。你可能已经遇到过这种情况。当孩子拒绝采纳你的意见或接受你的建议时，你可能会非常沮丧。如果孩子的计划不太适合或者没有帮助，但也没有什么危险，那么你有时候可以让孩子自己做主去尝试。

> 虽然迪恩和他父亲讨论了不写数学作业的潜在后果，但是他仍然不去做。最终，迪恩的父亲耸耸肩说："好吧，让我知道这会对你有什么好处。"讨论结束后不久，当迪恩发现所有没做的家庭作业都得了零分时，迪恩在课上非常尴尬，而且他还必须在课后去见数学老师来讨论责任问题。当迪恩的老师给他父亲打电话时，迪恩父亲说："谢谢您直接和迪恩沟通并处理了这个问题。我也告诉过他，我不会帮他承担他自己造成的后果的。"

关注目标

有时候，孩子关注的是短期目标，而不是长期目标。比如，如果一个学生不喜欢某个老师，那么他可能会故意回避做作业，因为他的短期目标是惩罚不讨人喜欢的老师，而不是关注他的长期目标——取得好成绩进入他选择的大学。有时候，孩子会把注意力集中在短期目标上，比如，与朋友聊天而不是为了准备考试而学习。当选定的短期目标偏离了长期目标时，这可能会产生问题，值得你和孩子进行讨论。

在合适的机会你要告诉孩子，他在学校、家里以及和朋友相处时所做的每个选择，都可能会导致支持或阻止他实现目标。即使很小的孩子也能够学会，无论他对另一个人或一项任务感觉如何，都不能妨碍他去做最有利于实现自己目标的事情。

本章总结

在本章，你了解到教育儿童和青少年做出有效决策和解决问题技能的重要性，以实现他们的目标。本章针对各个年龄段的孩子，提供了许多帮助父母培养孩子这些能力的方法和技巧。在下一章中，你将学习如何帮孩子发展出挫折耐受力，这是孩子成为独立成年人的另一个关键因素。

第五章

挫折耐受力：
发展孩子克服障碍的耐心和能力

当孩子表现出痛苦、不愉快、失望的情绪时，大多数父母都会感到不舒服。富有爱心的父母都有一种天然本能，想要立刻去安抚自己的孩子，缓解孩子的压力。遗憾的是，如果一个孩子从未经历过挫折，也没有耐心，那么他今后可能就很难有机会制订应对策略来独自面对这个世界。

好消息是，没有一种绝对正确的方式来帮助孩子处理压力和挫折。在本章中，你将有机会学到很多不同的想法和策略来支持孩子。你可能已经有了一些成功的经验。

花一点时间来反思一下，你在孩子有压力时是怎么做的，并回答以下问题。这个练习会让你深入了解自己养育孩子的理念和方法。

对于以下每项条目，根据你的回答，在横线上填写你认为最合适的数字：

1=从不，2=偶尔，3=常常，4=非常频繁，5=总是

_____如果孩子多次提出要求，那么我会倾向于同意他的要

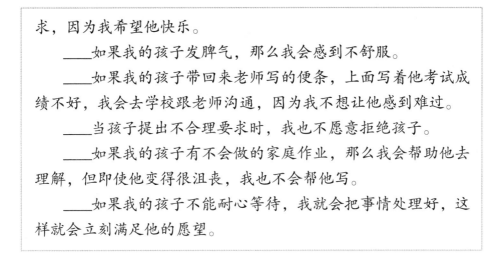

求，因为我希望他快乐。

＿＿＿如果我的孩子发脾气，那么我会感到不舒服。

＿＿＿如果我的孩子带回来老师写的便条，上面写着他考试成绩不好，我会去学校跟老师沟通，因为我不想让他感到难过。

＿＿＿当孩子提出不合理要求时，我也不愿意拒绝孩子。

＿＿＿如果我的孩子有不会做的家庭作业，那么我会帮助他去理解，但即使他变得很沮丧，我也不会帮他写。

＿＿＿如果我的孩子不能耐心等待，我就会把事情处理好，这样就会立刻满足他的愿望。

现在，你已经完成这些问题了，让我们来给"挫折耐受力"下个定义。简单来说，这个术语意味着一个人可以掌控挫败感的能力。挫败感是当一个人的欲望受阻时，他感受到不同程度上的烦恼。孩子（甚至大人）如果能够等待那些可以实现的事情，并能够容忍有些事情无法实现，那么他就已经具备承受挫折的能力了。

为什么要忍受"等待"的不舒服？

每个成年人都经历过挫折。例如，等待你买的新车到货，或在公交车站等待暴风雪中晚点的公交车，这些都需要耐心。当你不得不等待时，如果你只是发脾气，不仅会引起别人的注视，也不会有什么用处。

如果你可以理智地忍受等待，并且表现得很有耐心，那么你就不会体验到强烈的挫败感和烦恼、愤怒甚至情绪失控。现在是时候告诉孩子，当他的要求或愿望没有立刻被同意或者立刻实现时，如何培养这项技能以保护他不被情绪所控。给年幼的孩子甚至青少年一个逐步建立挫折耐受力的机会，可以为他们将来的生活赋予力量。孩子在很小的时候就会遇到挫折，当这种情况发生时，你就有很好的时机来进行经验总结。

下面是一些"发展性"挫折和"环境性"挫折的例子：

• 有时，婴儿或学步儿只能等待大人来喂奶。

• 在如厕训练时，学步儿自然会感到短暂等待的不舒服，从而感受到如厕的自豪感。

• 一个想要快点发育的青少年必须学会等待。

• 一个想要成为篮球明星球员的孩子可能需要接受自身的局限。

• 一个孩子在感觉自己能完成某项任务之前，可能需要问很多问题，并且要练习相关技能。

在本章中，我们将讨论父母如何帮助孩子应对生活中的"发展性"和"环境性"挫折。

不同的孩子，不同的反应

你可能有不止一个孩子，每个孩子对同一件事的反应都是不同的，你可以通过不同的反应来帮助他们建立挫折耐受力。这是有效养育的一个标志。一个孩子可能会接受父母迅速而平静的反应，而另一个孩子可能会和你争辩，直到你给出一个有道理的理由或提醒他如果不合作的后果。

那么，你怎么知道对孩子要做何反应呢？遗憾的是，这并不是一个可以简单回答的问题。随着时间的推移，你的孩子真的可以教会你哪些反应更有效。

无论如何，以下是一些建议：

• 尝试平静地解释问题。

• 在你忙碌的时候，不必解释每一件事，这也说明了你的养育方法（不是顺从他们！），以后你的孩子会有所理解。

• 提醒你的孩子有可能潜在的结果，可能是他们想要的（积极的结果），也可能是他们不想要的（消极的结果）。
• 在孩子认为自己没有被侮辱的情况下，幽默是一个可以打破僵局的好策略。

下文是以上四个建议的简单例子。

平静地解释问题

当孩子想买一辆自行车时，你可以解释说："我们刚刚花了很多钱在家庭度假上。恐怕在我们能够为你买新自行车之前，你还需要等待一段时间。"

在时间充足的时候进行解释

当你赶时间时，你可以这样说："我知道你想要问问你有没有可能买自行车，但是我们现在要去接你的妹妹。等到今晚我们吃完晚饭，再一起讨论吧。"但是记住遵守你们的约定。如果你答应了讨论，这就被视作为一个口头约定，如果你不能遵守这个约定，将是一个严重的信用问题。

当你有更多时间的时候，你可以这样解释："我知道当我告诉你，我们现在还不能买自行车时，你会感到失望。但是我和你爸爸都希望你拥有自行车。让我们来进行头脑风暴，看看怎样才能帮助你支付买车的费用。"这种讨论会更有成效，因为它向孩子展示出你可以采取折中的态度，同时他也可以为达到目标而负起一些责任。

提醒孩子可能产生的行为结果

当孩子坚持做某事或要某样东西，而父母并不同意时，许多父母会特别担心。孩子们经常会使用一些策略（比如，抱怨、乞求、生气）来说服父母。

> 现在，是时候来制订你自己的策略了，这里有一些策略可以参考：
>
> - 要做到始终如一。
> - 重述孩子的愿望，以此来让他知道你已经听到（"我知道你想要，但是我不同意。"）。知道和同意是不一样的。
> - 尝试保持冷静。
> - 在孩子情绪化并无法听你说话时，避免与他讨论这个问题。但是，你可以提醒他，等他冷静下来，你会和他再进行讨论。
> - 承认有时候沮丧会很艰难。
> - 你不必总是妥协——你可以做一些让步！
> - 讨论结果。你的孩子可能在完成作业前想要先玩游戏，你可以对他突出强调一些结果（比如，因为太累而不能很好完成作业，或者没有时间来完成），也可以强调有关玩耍之前完成作业的家庭规则。这样，孩子听到的结果可以是：家庭作业得了好成绩，以及第二天在课堂里感觉到更自信。
> - 对孩子来说，讨论可能的结果也许当时并没有用。如果你发现孩子很抗拒，你可以解释在任何家庭里合作都很重要。你的孩子越是合作，你的压力越少，责任感越高，这是因为你在处理这件事中不会精疲力竭。

使用幽默

如果你的孩子感受到自己被讽刺和嘲笑，那么这个策略可能会适得其反。然而，幽默能够将人们联结起来，能够让准备争辩的孩子缓和下来。对孩子来说，幽默是一个可以让孩子学会并在将来使用的好工具。以下是一位家长使用幽默来避免争论的一个例子。

一天早上，埃文不想上学。他想留在家里和新养的小狗一起玩。他妈妈回应道："好主意！我还会写一个便条告诉老师——'埃文今天在家里不上学，因为他不想去。他宁可留在家里和新养的小狗一起玩。'当然，你明天不得不和老师说一说这事，祝你好运！"埃文意识到母亲不是嘲笑他，而是微笑着祝他好运，这让他感到自己可以自由地去权衡待在家里的利与弊。最后他决定去上学，放学后再和小狗一起玩。

如果你的孩子没有感受到被质疑，同时知道你没有嘲笑他，这样他就没有必要为此争论。因此，他可能会愿意独立思考自己的处境，或者接受你的建议作为支持性的指导。

不同的处境，不同的反应

你可能已经意识到，不是所有的孩子都需要同样的反应，也不是所有的情况都需要相同的反应。在父母回应孩子的要求之前需要做一个重要的区分，是需要还是想要？

一位母亲向心理咨询师寻求帮助，她抱怨自己的女儿"被宠坏了"。她说："我女儿将要上大学，她说在她离开之前需要多买几件新毛衣。"当咨询师问到她的女儿有几件毛衣时，她说："十二三件。"

你觉得这位母亲的女儿是需要毛衣还是仅仅想要毛衣？这里没有简单的答案。以下是这位母亲需要考虑的一些事情：

• 在她的女儿即将上大学的所在地区，这些毛衣是否足够暖和？

• 她是否为她的女儿入学准备了开支计划？她的女儿会舍弃其他方面的开支来购买新毛衣吗？

- 以前的毛衣是太旧了还是穿破了吗？
- 她的女儿很少要求物质上的东西，她想要满足女儿的这个愿望吗？

这个要求（比如，要买新毛衣）可能是一个"被宠坏了"孩子想要的，也可能同时是想要和需要的。这就是让父母为难的地方。每种情况都有不同的因素和有可能的解决方案，这可能正是为人父母的乐趣所在！

当然，有时候想要的只是想要而已，有些父母因为不想让孩子感到失望，或者只是因为他们认为这是个有趣的好主意，所以他们必须决定是否做出让步以此来衡量自己是否是一个好的家长。但是，当有明确的需要和理由时，你就得及时答应孩子的请求。

大多数父母都会有这样的经历：哭闹中的孩子迫切地需要一些东西。有时候，孩子的哭泣声是一个危险的信号，他真的需要你的即刻回应。

　　9岁的艾萨克有低血糖问题。当他哭着向妈妈要橙汁的时候，妈妈非常清楚地知道他是在对潜在的危险医疗状况做出了反应。如果他不提高血糖水平，后果可能会很严重。

　　如果一个3岁的孩子哭着说他要"便盆"，这是另一种紧急情况，因为这是孩子在要求防止意外发生。

不同的年龄阶段，不同的反应

当孩子还是个婴儿时，他朝向挫折耐受力的发展旅程就已经开始了。比如，对一个新生儿来说，即使是等待几分钟被哺乳、清洗和拍嗝（释放气体）也是非常不舒服的。

一个孩子的年龄，他是不是独生子女，是否有兄弟姐妹，这些因素都可能会影响父母对他的反应速度。你曾经感受到自己对孩子哭闹的忽视吗？你感受到不得不在几个孩子之间分配你的时间吗？除了忽视以外，有些父母还经常会感觉到内疚。持续无法满足基本需求或情感关怀的孩子就是一个被忽视的孩子。有意思的是，如果孩子从来没有机会发展挫折耐受力的话，那么他在这样的发展环境中就会丧失这种能力。

当大一点的孩子还没有发展出承受挫折的能力时，他们会发现生活压力很大，因为他们需要努力去应对不得不等待或接受的限制，这种情况通常会在青春期和成年期出现。比如，一个13岁的孩子似乎无法忍受在开车去朋友家路上耽误的十分钟的意外时间，或者一个17岁的年轻人在得知自己不能选择晚饭吃什么而感到生气和忧伤，这意味着这两名青少年正在努力发展他们的挫折耐受力。

为了更好地培养孩子的挫折耐受力，让我们回顾一下，根据孩子的年龄和特定情况你可能会考虑的不同反应。当学步儿因为弄脏纸尿裤而开始哭时，你想要很快去处理他的不舒适感，这是因为你想让他把清洁后的轻松感受和以后接受如厕训练联系起来，而不是习惯于脏尿布的刺激。然而，如果一个学步儿哭着说，他想在见到儿科医生看病之前离开，那么这是一种不同的挫折，需要不同的反应。

学步儿常常通过行为来进行交流，哭泣是其中的一种。如果你的孩子非常害怕，那么对他进行安慰是很重要的。如果学步儿很无聊，可以给他提供一些选择来消磨时间（比如，提供许多有趣的玩具，让他选择）。这会让孩子明白，他不得不忍受环境中的无聊，不过他也可以想出一些应对方法（比如玩具），而这些并不是完全由家长安排或者组织的。青少年应对不耐烦和挫折感的能力从非常年幼的时期就已经开始发展了。

外面的世界充满了令人兴奋的时刻，但也充满了挫折。小学阶段的孩子有许多机会经历挫折，这里使用"机会"这个词似乎看起来很奇怪。然而，有些挫折时期恰恰是孩子成长的机会和为将来做准备的机会。

在本章开始的时候，你看到的是孩子在家庭中的一些例子。接下来更多的例子会谈到孩子在各种环境中可能会遇到的挫折：

- 放学回到家里，孩子要知道先做作业后玩耍。
- 孩子打电话约朋友一起玩，得知朋友很忙。
- 孩子喜欢踢足球，但是他的成绩没有得到"A"，无法参加足球队。
- 孩子想要得到玩具或玩电子游戏，而这些又不适合他的年龄。

生活给孩子提供了这些吸取教训的时刻，这是帮助孩子学会应对等待策略的好时机。下面是一位家长教育孩子的示例。

10岁凯蒂的爸爸认识到，凯蒂的哭闹让她无法快速有效地应对挫折。在咨询学校心理咨询师，并得到相应的指导后，凯蒂的爸爸帮助凯蒂在没有受挫时练习一些平静的策略。凯蒂学到：

- 哭泣和叫喊只会让她筋疲力尽，而且还不能达到目的；
- 她和爸爸可以创造一些有趣的方法来帮助她平静下来，这样她就不会感到不知所措；
- 专注于缓慢的吸气（就像闻着刚刚出炉的巧克力饼的味道），然后慢慢呼气（像是轻轻吹动桌子上的羽毛）；
- "现在不行"并不意味着"永远不行"；
- 使用积极的自言自语，比如，"我和好朋友不在一个班里，也没有我想象那么糟，而且我现在还知道怎么对待和她分在不同滑冰组的问题"；
- 自言自语可以帮助自己集中精力，自我解嘲，并且在遇到挫折时可以成为自己最棒的啦啦队队长和支持者；
- 与父母平静地交谈会让自己感到不再孤单，有时甚至可能会达成妥协。

最终，学步儿变成了儿童，然后成为青少年。在你抚养一名青少年时，希望他已经在很大程度上学会了前面提到的这些技能。在青春期，孩子们会努力地获得更多的生活主动权，并且常常发展出优秀的辩论技巧（有时可能会让你筋疲力尽）。然而，他们可能也会退回到更幼稚的应对方式，比如"当我想要时，我就是要得到我想要的东西"。

在试图帮助孩子接受自己的局限性和挫折感时，很多父母常常会感到恼火。青少年可能具备了辩论技巧，但是似乎仅仅只是在争论和指责父母给他们带来不必要的压力。如果父母反驳，青少年往往会让争论升级。

> 以下是一些小技巧，可以快速帮助青少年应对因接受自己的局限性而产生的挫折感。
>
> • 父母可以平静地说："这场争论不会让事情有任何进展。让我们来谈谈双方能达成一致的选择。也许我们会找到一个好的折中方案。"
>
> • 父母不必马上做出回应。你也可以告诉孩子，你理解他的要求，但是你需要时间来考虑。
>
> • 重述孩子想要什么，这样他就知道他说的话你听进去了，然后在你分享自己的观点之后请他复述你的立场。
>
> • 有逻辑地解释你做出这个决定的原因。

每个孩子都有不同的成长速度，因此，你可能会发现有些针对青少年的策略会适用于孩子还在更小年龄的时候。同样，有些青少年可能会受益于适合年幼儿童的策略。作为一名家长，你会面临一种挑战，你需要根据每个孩子的年龄和发展水平来调整你的反应方式，这是因为每个孩子的行为和反应可能各有不同。

即刻满足和延迟满足

想要即刻满足的人并不只有孩子。你有没有曾经因为"想要"，而沉迷于诱人的美食而不顾节食？或者，你可能冲动购物。成年人和孩子之间终究也没有多大区别！

儿童或青少年，就和你一样，并不会只因为他现在想要什么而被宠坏。然而，如果他感觉到自己无法处理等待的受挫感，那么随着年龄的增长，他在处理人生挑战时就会处于不利的地位。

有一个研究非常值得关注，这是在20世纪六七十年代斯坦福大学做的一个研究，通常被称为"棉花糖实验"。在这个研究中，学龄前儿童来到一个实验室，每次进一名儿童。评估者给每个孩子一颗棉花糖（或另一个想要的东西），然后向孩子解释，他可以马上吃掉棉花糖，也可以先不吃而是等到评估者回来再得到另一颗棉花糖（或另一个东西）。有些孩子迅速吃掉了棉花糖，然而有些孩子会等到双份奖励。在这个纵向研究中，沃尔特·米歇尔作为评估者随着时间推移继续追踪这些孩子，他发现了一些重要的结果：那些愿意等待的孩子们在他们十几岁的时候和成年生活中更为成功。

孩子在处理延迟满足时，在挫折中等待和度过可以帮助他感到自信，减少焦虑和不知所措。从某种有趣的角度来说，帮助孩子处理延迟满足是一份重要的礼物！然而，这可能会引发有些父母的内心冲突，他们不希望自己的孩子感到受挫。

在许多情况下，孩子不得不等待。在学校里，学生可能要等到午餐时间才能给朋友讲一个好故事。孩子想要成为学校明星运动员或者拼写比赛的决赛选手，在达成这些目标之前，他们通常必须先学习相关技能。

有时，你可能对孩子提出的要求回答是"可能"或"以后"。父母有时会给自己施加巨大压力，让自己立即给出答案，以避免让孩子感到失望或生气。其实，你对孩子说"让我想想"或者"我们现在不能谈论这件事"是可以的。孩子不高兴或对你生气也是可以的。如果你们的亲子关系牢固，那么，这种延迟的反应不会让你们的关系一直不融洽。有时候，你不想说"是"或"否"，而是找到一个折中办法。下面是两名青少年的例子。

伊莎贝拉想要一部最新款的苹果手机，她说："我不能没有，我所有的朋友都有一个。"她的父母讨论后并做出决定说："我们知道你的旧手机已经过时了，所以咱们可以各出一半的费用。"开始的时候，伊莎贝拉对父母没有立刻为她付钱买手机而感到失望。随后，伊莎贝拉和她的父母讨论了为什么这种折中的办法是合适的，以及伊莎贝拉可以通过哪些方法赚取她买手机的那部分钱。讨论之后，伊莎贝拉理解了父母的理由，并且愿意开始为这部手机赚钱。她的父母意识到，他们给伊莎贝拉的不只是一部手机，也给了她一种经济上的责任感、延迟满足感和自己赚钱的自豪感。

约翰尼想要去参加一个为期两周的篮球夏令营。他的父亲说："我很高兴你花许多时间来练习投篮。但我认为在这之前，你需要在数学功课上花一些精力。如果你在学校寻求额外的帮助，努力学习数学，不管你得到多少分，你都可以去参加这次夏令营。"

青少年要成长为一个有能力的成年人，学会等待和忍受挫折的能力至关重要，所以，给孩子体验和面对这些感受的机会是非常重要的。然而，由于没有立刻满足孩子的愿望，这个过程可能是困难的，甚至是痛苦的，但从长远来看，这将让他获益匪浅。当然，当有时可以给予孩子即刻满足时，就请享受孩子欢笑的乐趣吧！

适度保护和过度保护

许多成年人认为保护儿童免受身体伤害和情绪痛苦是他们的主要责任。没有成年人的保护，小孩子就会死于饥饿、寒冷等。因此，保护幼崽的本能（在动物王国中许多父母都表现出来这种本能）是必要的，不能低估这种本能。

在保护和过度保护之间有一种微妙的平衡关系。过度保护可以被视为剥夺。是不是感到迷惑？如果父母保护孩子免受一些甚至是所有挫折的话，那么孩子就会失去体验一些健康无害的风险（比如尝试骑自行车或学习溜冰）或一些必须要延迟满足（比如即使学校还没放假也要请一天假玩电子游戏）的机会，孩子可能被剥夺了获得忍耐挫折的机会，而这些机会对发展健康、自信的生活非常重要。以下例子是一些父母在照料孩子时无意中剥夺了孩子面对情感挑战的机会。

7岁的奥利维亚是她这个年龄段里在小区中唯一一个不被父母允许骑没有辅助轮单车的女孩。她的父母觉得这样做可以保护她，使她不至于从单车上跌落而摔伤。奥利维亚是这样解释他们的行为："我爸妈认为我不能像其他孩子那样骑车。他们可能是对的。我再也不想骑车了。带着辅助轮骑车实在是太尴尬了。"

10岁的米歇尔想参加校园话剧试演。他的父母提醒他，这会花去许多其他活动的时间，他会背许多的台词。他们担心米歇尔会感到紧张，担心会给他的生活增添压力。米歇尔并没有把父母的回应看作是一种支持，由于他感到父母对他能够应付额外责任的事情没有信心，他的热情就此消失。

当11岁的杰克发现他最好的朋友没有和他分在同一个班时，他很不高兴。他的母亲努力去安抚他，并承诺会到学校和老师谈谈换班的事情。后来杰克与他最好的朋友一起换到另外的班级，但是他却没有机会来学习自己处理这种分离，以及因为没有进入自己"理想的"班级而产生的挫折感。

你如何了解自己是否已经对孩子过度保护了呢？要说清楚这一点并不简单。如上所述，每个孩子和每种情境都可能有所不同，需要不同程度的保护、养育和支持。这是一种判断。

以下是父母需要考虑的一些事项：

• 是否不保护孩子就会存在危险或非健康的风险？如果是这样的话，就要保护他（即使他对你的行为感到沮丧）。

• 危险有可能是永久性的（如死亡）吗？如果是，一定要干预！

• 当存在健康无害的风险时，你会告诉孩子"你可以做到！"而不干预吗？然后你会站在一边，支持他，但不会接管和干预。

• 尽管有时候孩子希望你帮他解决问题，但是你能否通过你的干预来帮助他，让他明白如何自己处理吗？

如果你想让孩子免于任何挫折，那么只要记住，你最终想要的是一个有能力应对生活压力的成年子女。如果你早些时候就开始传授这门课，那么，你保护孩子的方式则是通过帮助他建立自己的应对技能和自信，以处理产生焦虑的状况（如工作面试）和情绪痛苦（如愤怒、不耐烦等）。

受欢迎的父母和有效能的父母

你觉得有多少父母希望自己的孩子爱父母？很显然，这个答案是几乎所有父母或者就是所有父母。然而，有时父母对孩子无条件的爱，以至于他们做出的决定对孩子来说并不是最好的，而孩子却高兴地认为"你们是最好的！"。总是对孩子说"好"可以让孩子免于失望，但也会让孩子无法认识到他可以度过挫折时期。正如前文所述，对任何进入青少年期，然后再步入成年的子女来说，学习应对挫折是非常重要的。

许多孩子似乎知道哪些话可以刺痛父母，打击父母的自信心，让父母感到愧疚。你是否曾经听过一个孩子（甚至可能是你自己的孩子）说"你们是最糟糕的父母！"或者"我恨你！"？很明显，你不会希望你的孩子这样对你或者你也不会相信这些话。然而，这些话可能会掩盖了这样的信息："你不能让我的世界变得有趣和简单吗？为什么要让我等待我想要的东西，或者不让我得到我想要的东西？"这可能是一个值得与成熟一些的孩子进行讨论的问题，但是这个讨论不适合在气氛紧张的时刻。

在孩子暂时对你生气和真正恨你之间有很大的区别。如果你听到一些偏激的话语，你也可以去考虑他说的内容，以及你为什么要坚持自己的决定。如果你认为孩子的观点是合理的，你可以花一点时间，然后妥协，或者甚至改变你的主意。是因为你想要成为受欢迎的父母而改变你的想法，还是因为孩子给了你一个合乎逻辑的理由，这两者之间有所不同。

什么时候妥协和什么时候拒绝

现在，你已经了解了过度保护孩子以及为了成为受欢迎的父母而做出一些决定的危害，然而很多时候你还是可以向孩子的要求做出让步。当遇到这种情况时，你要意识到自己只是同意而不是迁就孩子，这会很有帮助。

当你的孩子提出要求时，有时候你的回应似乎很容易，这也会让孩子认为你是这个世界上最好的父母。

威尔想要在周末和朋友一起玩。因为他已经完成了学校作业，有了空余时间，他的父母说："当然可以！"然而，关键问题在于他的父母没有说出他们同意的理由。有时候孩子认为父母的决定很随意。威尔的父母可能会考虑以后再说出他们的想法，这样威尔就会明白为什么他们有时会说"好"，有时会说"不"。这样威尔会知道，这其中涉及到一个理智的思考过程。

有时候，你对孩子提出要求的最初反应是拒绝。你会改变主意吗？有些父母担心，即使在孩子提出合乎逻辑和理性的观点之后，改变主意也是软弱的表现。如果这件事发生在你身上，你要认识到，你正在向孩子示范灵活性，而不是优柔寡断。

父母可以运用以下的思维过程作为指导：

• 如果情况很危险，即使孩子争论不休或感到沮丧，你也只能拒绝。

• 如果你在不危险的情况下说"不"，那么你要尝试和孩子分享你的理由，这样孩子最终就能够学会如何理性思考并做出决定（孩子越小，你回应的语言越简单）。在孩子平静的时候分享你的理由，这样他就能理解你所说的内容。

• 如果你在不危险的情况下说"不"，但是你又想要设置限定，那么在你答应之前，想一想孩子是否必须要承担一项任务（比如，"在玩电子游戏之前先完成作业"），由此教会他延迟满足和履行他的责任。

• 如果你没有很好的拒绝理由，那么你就要尊重孩子并考虑他提出的有逻辑的观点，然后说"好的"。这样做，可以让孩子对自己批判性地看待事情以及清晰的沟通能力充满自信心。

当你考虑是答应还是拒绝时，尽管有时拒绝会让孩子感到沮丧，但是请记住，沮丧并不总是消极的。如果你有明确的拒绝理由，那么你就会减轻内疚感和焦虑，并提醒自己，你是在为孩子经受生活中的挫折和某些失去做准备。

独一无二和个人主义

当新生儿进入这个世界，他们看起来只是简单地躺着，咯咯笑，或哭着，希望有人发现他们的不舒服并能很快得到解决，他们有足够的舒适感。在生命的最初几个月里，当一个成年人神奇地出现，并照顾好所有的需要时，生活就是一个奇迹。新生儿希望得到喂养、清洗、呵护和爱护。生活还不错，是吧？

想象一下，到了20岁，还躺在那里希望所有的欲望都能立即得到满足。这就不是好事了，对吧？我们如何帮助婴儿变成一个健康和独立的20岁的人呢？如果一个20岁的人觉得自己是宇宙的中心，每个人都应该把他的要求和需要放在首位，那么这个人就还没有准备好去面对这个世界的现实状况，这个人也没有意识自己可以从经受挫折中获得自信。

孩子开始认识到不能事事以自我为中心的年龄，可能取决于环境因素（比如，必须要坐在儿童安全座椅上，学校的期望），身体因素（比如，如厕训练），社会因素（比如，必须分享玩具，朋友之间的妥协），以及家庭因素（比如，兄弟姐妹的出生，家庭责任）。

你如何帮助孩子感觉到自己是独一无二的，而又不以自我为中心呢？如果孩子在成长过程中受到过度保护，不受任何挫折、困难和障碍的影响，那么他们在长大后就不会有机会学习如何应对这些经历，也不会有机会学习如何应对更多的期望。因此，有些父母认为把一切都奉献给了自己的孩子，而实际上他们却剥夺了孩子作为社会成员去逐渐学习应对的能力。

发脾气和流眼泪

当孩子即将开始哭泣或发脾气时，你发现你会很快改变行动计划吗？特别是在公共场合发生这种情况时，许多父母只是想要避免孩子产生这些行为，于是在这种情况下他们就会让步、退缩，或是感到无助和尴尬。

应对发脾气时的沟通技巧

发脾气在任何年龄都会出现。你甚至可能看到过成年人在受挫后大发脾气。当然，对一个学步儿发脾气所需的回应方式，与对青少年或成年人的回应方式有所不同。

有着复杂需求的学步儿无法用复杂的语言和你沟通。有些孩子可能还会有言语化的困难，这样就更不容易去理解他们，还有一些孩子有语言发展迟滞，而有些孩子只是通过发脾气来让父母给自己想要的东西。

虽然很多父母对孩子发脾气感到不舒服甚至恼火，但是如果你把学步儿发脾气看作是一种基本的沟通方式，你可能更容易保持冷静，来帮助孩子克服这种情绪反应。一旦冷静下来，就到了开始培养孩子不发脾气的沟通能力的时候了。

当孩子在公共场合发脾气的时候，父母往往更难坚持这样做。

当娜丁小时候在家里发脾气时，她不停地说："我要吃意大利面，我要吃意大利面。"她的妈妈安静地坐在她身边，平静地说："等你准备好了，我们再来讨论这个问题。"娜丁很快就厌倦了大哭大闹和乱踢乱踹，并准备和妈妈进行讨论。然后她的妈妈说："我很想给你吃意大利面，但是家里现在没有。我们下次去购物的时候，我一定会买一些。现在，让我们看看家里有哪些食物，看看能不能找到你想吃的东西。"娜丁抱了妈妈几分钟，她感觉到自己被理解了。

当14岁的娜丁再次大发脾气时，这次是父母告诉她，她想买的衣服太贵了，尽管他们很想买，但他们买不起。娜丁尖叫着，给父母起了许多难听的名字，接着踢墙，冲进自己房间里，砰的一声关上门。

如果你是娜丁的父母，你会怎么做呢？在这种情况下父母感觉到无助再正常不过。然而，在这种情况下，父母真的会很无助吗？

如果你曾经处于这种困境，以下几点需要进行思考：

• 孩子知道父母会坚持拒绝，于是有时他就会大喊大叫，拼命去做一些事情。有时，当父母不为所动，并坚持最初的反应时，孩子会暗自松一口气（孩子不必做他真正不想做的事，但他可以告诉朋友是他的父母不让他这么做）。

• 在孩子发脾气的时候，告诉他这样是粗鲁的或无礼的，这可能会使愤怒升级，也会让你无法专注于那个引起孩子发脾气的问题（你们以后总有时间来讨论这个问题）。

• 你可以告诉孩子表达愤怒还有其他有效的方式（每次你不高兴时，都可以为孩子示范），尽管这些话孩子不一定能听进去。有时候，当孩子平静下来，这样做更容易被接受。

• 当孩子愿意倾听时，告诉孩子你坚持拒绝的理由（例如，让孩子做自己想做的事情可能会带来的潜在消极后果）。

• 准备好面对孩子的愤怒、眼泪和伤害性的评论，但是要记住，你们的亲子关系很牢固（如果这是真的），愤怒最终都会结束，而学习的时间就可以开始了。

如果你和孩子没有很好的亲子关系，你的大部分时间都花在改善关系上，那么你可以咨询心理健康专业人士，他们可以指导你或与你的家人一起改善这种关系。此外，花些时间在家庭活动中，在活动中每个人都会欢笑、开心，并创造美好的回忆，这些有助于增进孩子和父母的亲子关系。

应对流眼泪的技巧

当孩子没有得到想要的东西时，他可能会通过哭泣来表达自己的沮丧感。有些父母在孩子发脾气的时候会感到愤怒，而有些父母看到孩子难受和哭泣时会带有内疚感。当孩子哭泣时，他有时看起来很伤心，而有时候他只是眼泪汪汪。即使这个时候你不想改变主意，这个看起来伤心的孩子也需要你支持和承认他的痛苦。通过他的眼泪，他可能在说："你完全不理解！"对于这种常见的表述，建议你的回应是："我理解……（具体状况）。我只是不同意……（具体状况）。"如果你的孩子是这样的青少年，你可以说："我理解你，但是理解和同意有所不同。"

向孩子示范如何处理挫折

尽管有些孩子不愿意承认，但是他们还是会在父母的言行中观察和学习。父母之间讲述自己如何处理冲突或问题的故事，会吸引许多孩子。事实上，直接和孩子来讨论如何处理一种情况的效果，可能还不如让他们"偷听"你和另一个成年人讨论你如何处理挫折的对话。

无论是在商店里有人插队到你前面，还是在高速公路驾驶的时候被人超车，还是你辛苦地去购买最喜欢乐团的票，却发现音乐会门票已经卖光，如果你的孩子到了适合分享这些的年龄，那么你可以用这些现实生活中的挫折作为活生生的例子。当你和孩子在一起的时候，向孩子示范你如何处理挫折的机会可能还会有很多。

本章总结

你已经阅读了这些帮助孩子获得处理挫折的能力，以及变得更加有耐心的重要方法，随着孩子逐渐成长并向你提出新的挑战时，你可能会想要定期回顾本章。你可能还想要重新查看你在本章开篇的问卷回答，看看你是否已经改变了一些观点或回答。

从现在开始，你不会总是让步于孩子的要求，如果你的孩子对你发脾气，请提醒你自己，你是在为孩子的独立生活做准备。在孩子拥有能力应对挫折的时候，他可以朝着目标努力并在学习、工作中，增加取得成功的机会。

第六章

自我监督能力：
教孩子学会审视自我

在所有发展阶段，当孩子和你分开时，他就会有机会来练习自我监督的技巧。对年幼的孩子来说，当他住在亲戚家时，虽然会有亲戚的照料和支持，但他仍然需要一定程度的自我监督。例如，一个具有自我监督能力的孩子通常会使用在家里学到的社交技巧（比如，会说"请"和"谢谢"），这是因为他会监督自己的行为，并且希望对亲戚表现得有礼貌。

当孩子渐渐长大，他会冒险去一些地方，比如去露营，以及之后去上大学，这都将需要自我监督的技能来避免冲动性的行为，并做出明智决定。很多父母对孩子长大后离家上大学会变得焦虑，这是因为他们担心孩子不能监督自己的行为，可能不总是去上课，可能沉迷于某些潜在的危险活动。

在继续阅读本章内容之前，请花一点时间思考一下，你是怎样鼓励孩子进行自我监督以及接受他的行为的结果的。

> 对于以下每项条目，根据你的回答，在横线上填写你认为最合适的数字：
>
> 1=从不，2=偶尔，3=常常，4=非常频繁，5=总是

> ＿＿＿我会从其他家长那里去了解我的孩子的行为表现。
>
> ＿＿＿我会向孩子反馈其他人对他的看法，并在适当的时候表扬他，我也会将这些反馈当作学习的机会。
>
> ＿＿＿我会提醒孩子要遵守法律，以及为什么必须遵守法律。
>
> ＿＿＿我会和孩子公开讨论为什么要学会应对同伴压力。
>
> ＿＿＿我会和孩子讨论如何应对同伴压力。
>
> ＿＿＿我会和孩子一起讨论节约的好处以及浪费的坏处。
>
> ＿＿＿我会支持我的孩子，并允许他对自己行为的结果进行处理。

告诉孩子为什么要自我监督

在如今这个处处都有许多摄像头的社会里，发生的事情和人们的行为都被监控着。与其让你或"社会"去监督和回应孩子的行为，不如让他为自己的行为负责任，这不是更好吗？自我监督不仅仅是为了回避惩罚或负面后果，也不一定是为了取悦他人，甚至不仅仅是为了取悦父母或同意他们所有的想法。通过自我监督，当孩子发现自己做冲动性事情的时候，他可能就不会感到太尴尬，更有可能做出有助于建立自己声誉和自尊心的决定。

教孩子学会怎样进行自我监督

因为你不可能成天围着孩子转，每天告诉他该做什么，不该做什么，以及别人如何根据他的选择来看待他，所以他必须学会自我监督。如果你每天在孩子身边监督他的所作所为，他可能就没有机会来体会监督自己的价值，以及学会怎么做到这一点。

自我监督是逐渐学会的，你不能期望一个婴儿就能自我监督。随着时间的推移，在父母的指导下，从他人对自己行为的反应中，以及从观察他人如何与周围世界的互动中，孩子渐渐学会如何自我监督。有一些有益的方法可以引导孩子监督自己的行为。

和孩子讨论自我形象

许多年幼的儿童甚至青少年，不会花时间来思考他们行为的后果，以及他们可能对自己和别人产生的影响，他们往往会对一些情况做出冲动性反应。他们希望朋友、老师和社区成员怎么看待自己，由此建立一个可以达到的形象，这可以作为一个目标和指南。

和孩子讨论自我监督有许多不同的方法。

鲍比的爸爸告诉他："如果我从别人那里得知你不尊重他人或违反了任何规则，那么你就会有大麻烦。"11岁的鲍比把父亲的话理解为："我可以做我想做的事，但我最好小心别被抓到。"鲍比父亲的威胁加上鲍比没有学会如何自我监督的事实，导致他在做一些决定时，没有考虑自己的行为会如何影响他的目标和后果。鲍比学到的是怎样让自己的行为瞒过父亲，而不会认为自己可以向父亲寻求办法，从错误中吸取教训，做出更积极的选择。

如果鲍比的父亲说："我不会一直在你身边。现在你知道这些决定会影响你和其他人的声誉，让我们讨论一下你的决定，还有你对这些决定的感受。"这样，鲍比可能会把父亲看成是一位导师，而不是对手。当鲍比上大学后必须要自我监督的时候，你认为不同的养育方式会如何影响他呢？

无论是孩子还是成年人，每个人都会以某种方式来看待自己。你可以帮助并引导孩子建立自我形象。一个自信的孩子，如果觉得自己与支持团队关系密切，并受到团队的重视，他通常会努力塑造积极的自我形象。

以下几个问题可以帮助你的孩子思考他的自我形象以及他对此的感受：

• 你希望你在朋友们心目中的形象是什么样的？你做了什么来实现这个目标？形成这种名誉（比如，"愚蠢的运动员""坚强的孩子""对每个人而言都是最好的朋友""勤奋的学生"）有什么风险吗？

• 你希望你在老师们心目中的形象是什么样的？你做了什么来实现这个目标？形成这种名誉（比如，"班里的小丑""总是把每件事情都做好的学生"）有什么风险吗？

• 你希望自己拥有什么样的名誉？你对自己的名誉有何看法？（比如，你为自己感到骄傲吗？当你照镜子时，你对自己感觉良好吗？你能说出你自己的三个积极的特点吗？）如果你的孩子没有以自己的名誉为荣，你可以再看看前面的章节，设定可以获得更积极的自我形象和名誉的短期及长期目标。

自尊（拥有自尊或追求自尊）是引导一个人行为的重要因素。没有自尊、过度自尊（自负）或是缺乏自尊都有可能导致人们降低对自己的期望，无法做出提高自尊的选择。

12岁的丽兹宁可与朋友出去玩、骑自行车、玩电子游戏，也不愿意学习和写作业。当她考试分数很低时，她会对朋友隐瞒，因为她觉得很尴尬，感到自己很"愚蠢"。最终，她做出了一个自我预言，即她相信自己在学校里学不好，于是不去努力，然后表现不佳，成绩也很差。

关于丽兹对自身的羞愧感，丽兹的妈妈与丽兹进行了讨论，她们坦诚地、非评价性地谈到丽兹如何没有真正努力，她的成绩又是怎样没有反映出她的真实能力。她们列出了丽兹的优先顺序清单，包括丽兹为自己感到自豪，而不是为成绩、学习、写作业以及玩耍感到羞愧。

丽兹的父母和指导老师一起帮助她发展出执行功能技能（见第三章），丽兹在放学前和老师见面寻求额外的帮助，甚至还和两个朋友建立了一个学习小组。之后丽兹对自己的学习热情和学业成绩感到自豪，她感到很兴奋。她的成绩提高了，她对自己的学习能力感到自信，这使她更加努力地学习！

和孩子谈谈同伴压力

正如你可能了解的，当你的孩子进入青春期，朋友的接纳对他来说变得更加重要。然而，甚至在学前阶段或小学阶段，孩子已经能够注意到同伴压力了。

吉尔斯滕是一名小学生，有一天她放学后回到家，告诉爸爸她需要一个特别的娃娃，因为她在学校里最好的朋友有一个。吉尔斯滕不仅喜欢这个娃娃，而且觉得她和朋友保持一致很重要。

在小学里，许多孩子参与某些活动，比如报名参加某项运动，即使他们不喜欢这种体验，也要和受欢迎的孩子在一起。有些孩子会开始穿被同伴认为很酷的衣服。你不会总在孩子身边，当你不在孩子身边时（例如，在学校里，参加课外活动和聚会），同伴群体往往会对他产生很大影响。所以对孩子来说，重要的是无论他在哪里，都要坚持你传递给他的价值观并进行自我监督，这样他才能做出健康的选择。

有一些方法可以帮助孩子进行自我监督，甚至是在面对同伴压力的时候亦是如此。以下是一些提示：

• 当在家里看电视节目的时候，很多时候的主题都是关于同伴压力。在广告间歇或节目结束后，你们可以讨论这个话题，因为这时和孩子讨论不会直接影响孩子自身的同伴压力，孩子的防御性会更弱。

• 对你的孩子说："你不必告诉我，但是要对自己诚实。你真的赞同你朋友的所作所为吗？"

• 向孩子问一些本章前面提及的问题，让孩子了解他的行为可能会怎样影响他的声誉。

• 如果你的孩子对此持开放态度，可以尝试角色扮演，你扮演孩子的同龄人，试图说服孩子去做一些负面的事情，然后转换一下角色，向孩子示范你会如何在不失去友谊的情况下，选择一条更健康的道路。

• 如今，社交媒体是孩子们交流的重要方式。可以定期提醒孩子有关网络欺凌的危险性，大多数文档和论坛帖子的持久性。

• 在你和孩子的谈话过程中，你可以这样问孩子："你真的想让这张照片传播吗？你可能认为只是把它发给了一个朋友，但是你不知道还有谁会看到或收到它。"语音和图片都可能会影响孩子的声誉，随着时间的推移，你的孩子可能会对自己的帖子感到满意，也会在发送文本、图文、推文等时产生出一种虚假的隐私感，这是一个值得用不同形式来进行讨论的话题。这个讨论的目的不在于批评孩子，而是帮孩子理解发送信息的后果，并让孩子学会根据你分享的信息进行自我监督。

对于叛逆的孩子，你可以加上一些其他评价。在没有紧张氛围的时候，你可以表扬孩子想要"改变世界""为自己着想"并"对做出的决定有信心"。不过，同时你也可以讨论你不是敌人，你是一个参谋，希望帮助孩子学会自我监督，这样在他做出健康决定的时候，会继续感到自信。

如你所知，如果孩子认为自己受到了批评，或他的观点和感受被忽视，孩子会用自己的办法将大人拒之门外。当然，父母有时必须要提出意见而不能支持孩子的决定。比如，当孩子要做出一些危险的或不可逆转的事情（比如，和朋友一起朝着过往车辆扔雪球，坐上一名酒驾司机的汽车）时。

如果你的孩子抱怨因为家庭规则而让他失去朋友，你可能想知道这些朋友对你的孩子有多好，这样只会导致你的孩子采取防御姿态。然而，运用关键的例子可能会给你的孩子一些思考。

卡拉的两个朋友辛迪和海莉因为卡拉没像她俩那样考试作弊，就取笑卡拉，她们给卡拉施压，告诉她不要"像小孩子一样乖"。卡拉的妈妈提醒女儿正确思考这件事，卡拉回忆起这件事和其他事，她决定更愿意遵守家庭规则，而不是让自己感觉不舒服，做自己不舒服的选择，强迫自己去适应。因为卡拉的父母都支持她，并为她做出正确和独立的决定感到自豪，所以卡拉更容易找到一个接纳她做自己的同伴群体。

有些孩子缺乏自信，朋友也不多。这些孩子可能会认为他们的行为会让自己失去仅有的几个朋友，从而感到焦虑，甚至恐慌。当孩子想要自我监督，并为自己做的决定感到自豪时，就会出现这种困境，但同样的行为可能会同时让他的朋友拒绝他。在这种情况下，你可能想要咨询专业人士，如何帮助你的孩子"忠于自己"，不要因为强烈的归属感和获得同伴接纳的需要，而去损害健康的价值观。

有时，寻求专业人士指导是非常重要的，也往往非常有效。然而，也不要忽视这样一个事实，当涉及到同伴接纳、自我监督和许多其他话题的时候，可能会有一些可以帮助你的朋友、亲戚和社区成员，他们也能分享一些指导孩子的好主意。

12岁的布兰登喜欢表演，他参加了学校戏剧表演，把全部精力都集中在唱歌、表演和舞蹈上。他在学业功课上投入的精力很少。布兰登经常告诉父母他将来要成为一名演员，没必要为了上大学而必须取得好成绩。有一天，布兰登全家去老年中心探望他的祖母时，他们再次谈起这个话题。布兰登的祖母建议他和坐在旁边一桌的前女演员谈一谈。布兰登很高兴，他喜欢和有共同兴趣的人谈话。然而，20分钟以后，他了解到的远远超出了他的预期。布兰登了解到，作为一名演员，往往不仅需要为此付出，还需要一些备选计划。从一个同样热爱戏剧的人那里得到这个建议，让他留下深刻的印象，尽管他并没有减少对艺术的专注，但是他开始更关心学习。布兰登学到了如何平衡他的业余爱好和日常职责。

和孩子谈谈有关适度的话题

孩子可能不太明白"物极必反"这个词的意思。一个喜欢娃娃的孩子可能觉得娃娃越多越好，但可能没有足够的钱来购买，也没有足够的空间来存放。一个爱吃巧克力的孩子可能想要吃掉一整个巧克力蛋糕，结果胃会不舒服。一个不懂适度的青少年可能会过多地选择社交活动，却失去了社交时间和学习时间之间的平衡。

学会适度可能会让人感到不舒服，但是它可以帮助孩子拥有成功的人生。可以从幼儿时期就开始理解适度的基本概念，尽管从情感上来说孩子往往很难接受。随着孩子逐渐长大，他们通常会更能理解适度的含义，无论是在花费时间方面、花费金钱方面，还是在如何专注学习方面。

4岁的瑞安想在醒着的时候一直看动画片。他并不在乎是在平板电脑上还是电视上看，他只是坚持要看。他想要整晚都看动画片，他喜欢边看动画片边吃饭，甚至在困乏的时候他都会拒绝睡觉。有好几个晚上，瑞安都是手里拿着平板电脑睡着的。

瑞安的父母十分担心他过度沉浸于动画片。他们寻求了儿童心理学家戈尔登博士的指导。戈尔登博士解释道，许多像瑞安这个年龄段的孩子都在适度的问题上纠结，但是这对他们来说是重要的一课，学会适度他们才能有丰富多彩的生活体验，才能提高适应各种情况的能力。瑞安的父母限制了他看动画片的时间，瑞安的反应是长时间大发脾气。

瑞安的父母为了避免他发脾气，一开始想要屈从于他看动画片的要求。然而，他们执行了心理学家的许多建议。以下的行动计划最终让瑞安变得更灵活、更能忍受适度，包括许多关于他看动画片的限制。

• 瑞安的父母告诉他，家里所有的电子产品只能在特定的时间里使用（这些时间都已经清楚解释过）。

• 瑞安有很多有趣的选择来填补这些时间，他自己不知道如何利用额外的时间。

• 瑞安的父母让他进行户外活动，在外面他可以转移注意力，也有更多的时间进行社交活动，还有许多不同的娱乐方式。

• 尽管瑞安会发脾气，但是他的父母仍然遵守新规定，拒绝屈从于他坚持要长时间看动画片的要求。他们没有对瑞安大喊大叫，也没有争吵着阻止他发脾气，因为那样的话常常会让矛盾升级。

• 戈尔登博士建议，在瑞安发脾气的时候，他的父母应该保证他的安全，同时也要意识到发脾气的时间不适合用来讨论。他指导瑞安的父母平静地说："当你发完脾气后，我们可以谈一谈。"

最初，瑞安发脾气持续很长时间，他抵制去参加其他活动。然而，在相对较短的时间内，瑞安的父母发现了他喜欢其他活动的一些迹象，并且开始接受只能适度看动画片的事实。

在成长的岁月里，学会适度是非常重要的。有时上小学的孩子可能找到一项自己喜爱的活动，并且成天都想做这个。

安娜非常喜欢折纸，甚至在课堂上她都专心地折纸。安娜想长大后成为一名出色的艺术家。

最终，安娜的父母对她说："成为一名艺术家很不错，但是想要成名到能养活自己是很困难的。除了学习艺术和折纸以外，学习其他技能是个不错的主意，这样你在长大以后，就可以有更多的职业选择。你最后可以选择具有创造性的一份职业，比如建筑或商业艺术设计。"

鼓励孩子专注于自己的兴趣有时候是有成效的，但是注重学习其他技能也会带来其他成长的可能。

对于正在学习如何接受适度的小学生来说，以下行动可以让他们从中受益。

• 告诉孩子，你理解他对自己感兴趣领域的热情和努力。

• 请孩子分享自己参与活动（比如，做功课、做家务、家庭出游，有时是参加一些朋友更感兴趣的游戏）时的感受，包括愉快的感受。

• 请孩子选择一项在昨天、上周或上个月参加过的活动，这是他更愿意专注的活动（比如，滑冰、唱歌、学习外语），培养孩子更多的技能。

• 寻求孩子的意见，如何能够持续专注于自己的热情，同时又能够履行自己的义务。

• 有时候，行为矫正计划可以帮助有些孩子（比如，参与替代活动可以得到一些分数，一旦分数达到一定数量，孩子就可以得到双方同意的奖励，这样来认可孩子的努力）。

• 如果你发现孩子已经完全放弃了他浓厚的兴趣，那么你需要鼓励他重新开始，而不是完全放弃。

以上这些策略在今后孩子处于青春期时仍然适用。父母使用的语言可能会更加复杂一些，但是那些基本概念通常可以帮助成长中的孩子度过这些岁月。

适度并不意味着放弃自己的兴趣或爱好。它仅仅意味着较小地降低参与程度，并增加更多的关注领域。对于小学年龄阶段的孩子来说，有个常用例子来解释适度："水太多了不好，它会引起洪水；水太少了也不好，它会引起干旱。过于关注一项活动会剥夺自己学习其他活动的机会。"

在青春期，没有学会适度可能会导致一些破坏性的行动。有时候，有些青少年可能会被某种迷恋困扰，而放弃所有其他的兴趣。有些青少年可能会觉得需要不断地参加聚会，甚至不断地学习。然而，不关注同龄人、学业功课可能会导致孤立、孤独或忽视学业。

那些学会了通过对话进行沟通的青少年，已经建立了执行功能技能，学会了忍受挫折，并且能够认识到自己行为的潜在后果，他们更有可能在青少年时期找到平衡。

当青少年不懂适度时，他们可能会关注于自己和自己的喜好，而忽视别人的建议。这种"忽视"可能以叛逆形式表现出来，甚至无视那些明智和合理的指导。如果青少年忽视这些，把注意力放到自己的想法和欲望上，那么有可能会导致他们学习效率降低，或做出破坏性的过度行为，这时候就需要咨询心理健康专业人士，帮助青少年找到避免这些行为的方法。

父母永远拥有的权力

当你还是个孩子的时候，你的父母在身边和不在身边时，你的行为表现会有所不同吗？

对儿童和青少年来说，有大人在身边和没大人在身边时表现不同，并不罕见。

当许多父母得知孩子在身边没有大人监督时的行为时，他们会感到不安。你（或你自己的父母）是否曾经说过："你当时在想什么呢？你怎么会这么做？"如果你的语气和措辞没有表达过度批评的意思，而且你提问的目的是鼓励孩子自我反思和自我评价，那么这些问题就是用来问孩子的好问题。

当大人不在场时孩子的行为表现不同，这可能有许多原因：

• 对从大人监管中获益的学步儿和冲动性的大孩子来说，冲动或先行动再思考，常常会是一个问题。请注意，冲动性不等于孩子不关心自己的名声，这也和他冷静下来反思后的行为有所不同。事实上，当这些孩子再次对自己或他们在乎的大人失望时，他们的自尊可能会受到影响。

• 有些孩子从来没有接受过做决定的指导，所以当大人不在身边指导他们时，他们就会不知所措。

• 许多大人认为，孩子不按被教导的方式行事就是叛逆。当然，有些孩子甚至更多的青少年的确会叛逆，但也不一定是事实。

• 可能有人会告诉你，当你不在的时候，你的孩子的行为方式可能存在危险（比如，骑自行车没有遵守交通规则）。尝试和孩子讨论这个问题，不要指责，但要关心。你可能会知道孩子更多的事情，你的孩子很可能会向你敞开心扉！

你知道当有些孩子身边没有父母或其他成年人时，他们会表现得更为得体吗？当发生这种情况时，这常常是父母意识到，他们的孩子已经吸收了多年来被传授的知识，也变得更有能力将这些知识运用于日常生活中，并成长为独立的个体！尽管他们已经具备你不在身边时所展现的技能，但是，在家里他们可能会把这种行为监督转交给你。这对于幼儿来说并不少见。

有时候，当你不在场时孩子的表现有所不同，不是因为他不赞同或不尊重你，而是因为他相信他自己可以在社交、运动或学术方面做出一些不同却一样好的决定。

　　10岁的塞斯认为他的妈妈过于担心他在踢足球时会受伤，她告诉塞斯不能玩那种运动。当塞斯和朋友们出去玩时，他记着妈妈说过的要求，但是他觉得这是因为妈妈从来没有踢过足球，他对此更了解，而且他也知道怎么玩，怎样减少受伤的机会。只要他的妈妈不在身边，他就会和朋友一起踢足球。幸运的是，塞斯从来没有受过伤，但是有一天，塞斯的妈妈提前来朋友家接他，看到塞斯正在踢足球。

　　塞斯的妈妈因为他不听话而感到生气，还担心他将来会受伤，而且她因为塞斯没有把她的担心当回事而感到伤心。塞斯的爸爸知道后说："有时候孩子也需要去冒险。如果你告诉他可以玩，也许可以找到解决问题的折中方案。"最后塞斯和他的父母进行了平静的讨论，塞斯的妈妈承认她有点反应过度，甚至还没有了解到所有信息就做出了判断，事实上，塞斯有着很好的判断力。

不幸的是，并不是所有的孩子在没有大人在场监督的情况下，都能够做出最好的决定。

　　夏洛特是一名13岁女孩，她开始和年龄大一些的女孩出去闲逛，她认为得到她们的认可比取悦父母更重要。她开始喝啤酒，和男孩一起出去玩。当她听说自己在学校名声不好时，她回家向妈妈哭诉。夏洛特承认，如果在聚会上妈妈陪着她，她就不会做出那样的选择，她后悔自己做出的选择。

　　对于夏洛特来说，这种想要获得朋友认可的愿望，让她在事情变得失控之前丧失了考虑行为后果的能力。夏洛特抱着妈妈说："妈妈，我一直认为您老了，还总是唠叨。我应该听您的。您真的很聪明。"夏洛特的妈妈正在考虑为女儿寻求专业帮助，因为妈妈觉得她的行为问题很严重。不过从夏洛特当时的反应来看是没必要寻求帮助的，只要她能够持续保持洞察和改变。

塞斯和夏洛特，还有许多其他孩子，都有能力在父母不在场时与自己进行内部对话。孩子通常知道父母会赞同什么，反对什么，为什么自豪，以及关心什么。

让孩子知道你会一直在那里，如果他愿意花时间听你说话，即便只是你的话语在他的脑海中回荡，那也会很有帮助。你甚至可以在晚餐时把这个当作一个游戏来玩。可以参考电视节目中曾经描述的一个场景，或是某天发生的特定场景，问问孩子他是否能猜出你的反应是什么。你可能会惊讶地发现孩子对你的反应了如指掌。

孩子会观察你，然后模仿你想让他们看到的行为！

你听说过"依我所言，勿仿我行"这句话吗？一代又一代的许多父母都说过这句话。有时候，这句话仅仅是在承认父母不是完美的，不希望孩子复制自己的错误。而有时候，父母不赞同孩子的一些行为，自己却这样行事。不管是哪种方式，通常，孩子从观察中学到的要比从听大人的建议中学到的更多。著名心理学家让·皮亚杰（Jean Piaget）经常强调，在道德标准发展过程中，儿童会获益于别人的榜样作用。

通过学习榜样，孩子们不仅学会在社会中的行为表现，还学会如何管理责任感，如何在反应之前先思考，如何从不同的角度看问题，等等。

10岁的艾伦经常看到他的爸爸在开车时表现出"愤怒"，甚至当别的司机只是进入他的车道，靠近他的车时也是这样。艾伦和他的爸爸一起在车里时经常很紧张，后来艾伦在学校操场上有小争执时，他也表现出同样的脾气状态。当艾伦的妈妈接到老师的电话时，她质问艾伦，艾伦说："你要让别人知道他们不能惹你！我是从爸爸那里学到的！"艾伦的父母私下里讨论之后，艾伦的爸爸为自己示范教给艾伦破坏性的行为方式，向艾伦道歉。

孩子在很多方面都会模仿父母的行为。你可能已经意识到当孩子被告知要"理性消费"时，孩子常常会这样想："买我想要买的东西才是理性的！"他们不会权衡短期目标和长期目标，或是需要的和想要的东西。另外，当家长随意消费时，他的孩子更可能认为这种消费方式没问题，尽管家长曾经谨慎劝诫过孩子要"理性消费"。

11岁的丹妮尔经常和妈妈去买衣服。她注意到妈妈会限制她买东西的总金额，为一天的花费设置上限。如果想买的东西不是真的有折扣或者不是真的需要，那么妈妈会重新考虑是不是购买这些。事实上，妈妈和丹妮尔经常玩"我能比比价？"游戏。她们会用手机上的应用程序检查不同地方类似商品的价格。

丹妮尔的妈妈在购物时大声说："我真的需要这个，还是我只是想要这个？如果我只是想要，我今天能挥霍得起吗？"当丹妮尔13岁时，她和她的朋友姬拉在商店的一个地方买衣服，同时丹妮尔的爸爸在这家店另一个柜台买东西。丹妮尔试穿了许多衣服很开心，但是她把大部分衣服都放回了货架，说："我真的不需要这些衣服，我也不喜欢把钱花在这上面，我更愿意花在别的东西上。"姬拉取笑丹妮尔"太廉价"，而她自己把很多衣服带到收银台，并用自己过生日的钱买下来。

两个月后，丹妮尔告诉姬拉，她很兴奋，因为她刚和妈妈购物回到家，她给自己买了几个月以来一直想要的笔记本电脑。姬拉承认自己有些妒忌，她问："你是怎么买的啊？我好像从来都没有那么多钱。"丹妮尔友好地提醒姬拉，姬拉不久前还说丹妮尔"太廉价"。丹妮尔向她的朋友传授了花钱的经验，这些经验是她从观察妈妈的消费习惯中学到的。

无论是正面的还是负面的教训，孩子都会从他所崇拜和爱戴的成年人身上观察和学习。

以下是关于如何通过你的示范来帮助孩子学习的一些技巧：

•如果你犯错了，不要忽视它。要适时地解释，如果你有机会重来，你会做一些什么不同的事情。请解释如果你有机会的话，你现在可以怎么改变情况，如果将来出现类似的状况，你的做法会有什么不同。

•如果你做了一个积极的选择，以后你可能想要指出你有哪些选择，以及你最终为什么会做出这个选择。

•向孩子示范，如果你有新信息支持，那么你可以改主意；这是在示范灵活性和适应性思维。

•如果你错了就道歉，这让你的孩子明白道歉没有什么可耻的。

意识到孩子整天都在观察和学习你和其他那些他们尊敬的成年人，可能会让人疲惫不堪。然而，当孩子模仿你的行为和决定时，这是对你的一种敬意。如果你正在帮助你的孩子成为一个独立思考者，那么这时候，他就会尝试用自己的解决问题技巧，同时忘记模仿你的方式。这时候是需要讨论和学习的时间。

从错误中吸取教训，以免重蹈覆辙

有些孩子因为具有很强的防御心理，否认自己的错误，这是因为他们对于惩罚感到不舒服和害怕，担心会让父母失望，甚至只是因为他们做错事被父母发现时对自己的行为感到尴尬。愿意从错误中获得教训的孩子，更相信大人会帮助他们而不是评判，他们有一个健康的自信水平，尽管他们犯了错误，也不会有事。

所有的孩子都会有犯错误的时候。事实上，在探索新技巧或新经验时，任何人都可能犯一些错误。在不同年龄段，孩子会遇到新的社交、运动、学习和社会情境。孩子可能会因为没有经验、缺乏决策技巧或应对策略、冲动或其他许多原因而犯错。那些能倾听孩子解释的父母，有机会更多地了解孩子，并且想到更好的主意来帮助孩子将来去纠正行为。

在你知道孩子犯错（无论这个错误是由于故意为之还是意外情况）之后，有一些可以促进开放性和非评价性沟通的方法：

• 比如，你的三年级儿子决定邀请班里男孩来参加聚会，除了一个他不喜欢的男孩以外。后来，他得知这个男孩因为觉得被排斥而哭泣时，他为自己的决定感到后悔。倾听你的孩子对自己的疏忽和感受的理由，这是开放性交流的一种好办法。

• 提出问题，但要注意你的语气可以传达出不同的信息。确保你们是面对面讨论，尝试问一些明确的问题，比如："你希望发生什么情况呢？""你能从你的角度告诉我发生了什么事吗？"

• 在你对孩子做出回应之前，花一点时间来回忆一下你曾经犯过的错误，你是如何从中学习成为一个成功的成年人的。

• 分享一些你曾经犯错的例子，以及你是如何改正错误的，这样，你的孩子就知道即使大人也可以从错误中吸取教训。

• 总之，尝试在犯错的情况下获得经验教训，这样你的孩子才能学会在将来不再一错再错。

经常犯错的孩子，往往是通过新的体验来探索和尝试学习如何找到正确方法的孩子。这就到了以引导为主的时候，所以发生这些情况你就不应该过度担心。然而，如果孩子持续犯错误，没有从以前的事件中吸取教训而总是重蹈覆辙，这才是应该担心的问题。

孩子重复犯错的原因有很多：他们会冲动，不考虑后果，他们感到有重复行为的强烈需要，他们想要证明自己的行为没有错而且一直是对的，等等。如果孩子总是犯错误，并且没有对你的指导做出回应，你可能需要寻求心理健康专家的指导，由此来找到帮助孩子避免重复犯错的最佳方法。

打击式教育的危害

通过恐吓来教孩子吸取教训，可能会产生很多不必要的麻烦。父母可能会花费很多时间和精力来大吼大叫，恐吓威胁，甚至尝试体罚（最好避免这样做！），以此作为一种让孩子理解的方式，意图指导他们走上正确的道路。然而，尽管父母付出了努力，但是结果往往是孩子不信任父母，他们会为了避免惩罚而隐瞒信息，甚至怨恨父母。

> 保罗的爸爸认为没有必要冷静地和孩子讨论"他缺乏判断力"这个问题。相反，他对着保罗大吼大叫，常常责备保罗。保罗因此不向爸爸吐露心事，而保罗的爸爸则因为儿子不听他的劝告而感到精疲力竭。有时候，即使保罗赞同爸爸的建议，他也从来不和爸爸分享这样的想法，因为爸爸对待他的方式让他感到非常愤怒。事实上，他继续某些行为只是出于反抗情绪，而不是因为他认为这样做是最佳选择。

正如你可能知道的那样，你和孩子开放性地沟通，孩子会感到可以信任你。如果你不赞同某些行为，你可以设法让孩子明白你不是反对他，而是不赞同他的行为。当父母和孩子进行讨论而不是大吼大叫时，孩子往往能够更好地理解这些信息，然后在父母不在身边的时候，孩子会运用这些信息来监督和调整他们的行为，而不是对抗。

让孩子学会承担行为后果

承担健康无害的风险是孩子成长过程中的重要组成部分。这会让孩子发展出能够尝试新事物的自信心，甚至能够处理过程中犯下的一些错误。当孩子担心错误无法补救，并考虑到自己能力不足时，他们在接受新体验的时候可能会犹豫不决。

对自己犯错过于苛刻的孩子，经常会让自己承担严苛的行为后果，比如贬低自己（"我真是个傻瓜"），并不再尝试这些挑战。当孩子知道承担新的风险是健康的，并且知道许多错误是可以纠正的时候，他们就不太可能对自己做出消极的评价。另外，当孩子知道如何恰当地回应那些不适合自己、他人或情境的决定时，他们往往更有可能运用健康的方式承担后果，包括自我反思和适时的补偿（比如，"我再也不会那样做了。我真的很后悔做了那些。我会为自己开的玩笑和让朋友尴尬而道歉。""我再也不会那样做了。我当时在想什么？这让我害怕，而且不是我做过的明智的事情！"）。承担后果可以提醒孩子不要重蹈覆辙，会让孩子更积极地去决定补偿犯下的损失，这是很有用的。

当孩子看到父母也会为违规行为而承担后果时，和孩子分享你如何看待这个后果，然后通过什么机会去尝试独立处理一些情况，这样孩子更容易学会承担后果。让孩子自己做一些不危险的决定是很有益的事情，这能让他们在需要行动时可以进行头脑风暴，做出合适的决定。

比如，如果你在家里，4岁的孩子开始倒牛奶，少量的牛奶滴到桌子上，你可以忽略这件事，并用这个机会和孩子谈谈你的经验，他可能会从如何倒牛奶的一些技巧中受益，或者仍然需要帮助。当然，如果孩子想要将东西插到插座里，这显然是不允许的，要让孩子了解这种行为的后果！

几乎可以保证的一件事是，生活不会总是轻松愉快的，甚至可能会发生种种不公正的事情。当孩子体验到不公平的压力时，你可以抓住这一刻作为学习的机会。有时，父母为了保护孩子，不能理性对待这种不公平现象，只是支持孩子，而不关心怎样发展出应对的策略（现在和将来）。其实有时候，儿童或青少年感到不公平，只是当时感到失望或受到压力。

莱维特先生是郊区高中的一名社会学老师。彼得是AP课程（大学预修课程）世界历史课的一名学生，他经常扰乱课堂秩序，不交作业，经常旷课。这学期莱维特先生给了彼得D的成绩。

随后，莱维特先生被叫到校长办公室，在那里他见到校长和彼得的妈妈。彼得的妈妈对儿子得到这么低的分数表示愤慨。莱维特先生回应说："彼得经常不交作业，在课堂讨论方式不当，考试分数很低。我多次找过彼得，想和他谈谈他的学习状况，但是他从来没有按时赴约。我也给您多次留言，但不幸的是，我从没有收到一个回电。"

校长对彼得的妈妈解释说："我们知道彼得以前是个好学生，所以他才能进入AP班。但是，他要得到一个不是自己争取来的分数，这是不可接受的。不过，我确实理解，当他申请大学时，他的成绩会影响到他。"

然后校长转向莱维特先生，问他是否有什么可以帮助彼得的建议。虽然莱维特先生有来自于彼得妈妈的压力，但是他没有提出要修改彼得的成绩。然而他提出了一些希望。莱维特先生说："如果彼得下学期更有成效、更负责任，那么他当然可以提升他的成绩。"

彼得的妈妈坚持认为彼得的成绩不是他应有的成绩，这一定是因为莱维特先生的一些缺陷所致，她认为莱维特先生没有尽力理解和激励自己的儿子。她突然离开会谈，并认为这个问题是由于老师的不称职所造成的。因此，彼得没有学到自我监督和执行功能技能的必要性技巧，而是受到了一个非常不好的误导。他的妈妈告诉他："你得了D不是你的错，莱维特先生不知道怎么激发学生的积极性，不会教你轻松学习。我们来换个班级，这样你的成绩就不会出现在你的成绩单上。"彼得高兴地从班里退出，还不断责怪他的老师太差。

如果彼得是你的儿子，你会如何处理这个情况？你认为彼得妈妈的保护对彼得有帮助还是会妨碍他将来的学业和职业责任感？事实上，彼得的父母有机会和他讨论这个问题，以及将来如何避免这样的情况（比如，变得更有条理，需要时接受帮助，按时上课，完成家庭作业）。如果彼得必须要接受这个责任，他可能会不高兴，但他会有更好的机会来纠正自己的行为，并且为将来类似的情况做好准备。

本章总结

通过本章，你已经了解父母帮助孩子学习监督自己行为的重要方法。另外，本章还回顾了和孩子开放性沟通的一些方法，即使在讨论孩子的判断错误或犯错时也是如此。在下一章，我们将探讨培养社交能力的方法。

第七章

社交技能：
建立孩子的社交能力

社会交往是孩子成长过程中的自然组成部分。孩子小时候会对人微笑，也喜欢玩躲猫猫游戏。不过，当孩子越来越大，父母经常会意识到，适时适地的恰当行为，读懂别人的肢体语言，建立和保持友谊，这些对孩子而言是更复杂的事情。

在本章中，你会学到如何让孩子准备好在社会世界中互动，与他人交往，理解他人的语言情绪，读懂肢体语言，处理拒绝甚至欺凌。另外，你会学到如何让孩子准备好在社会交往中最大限度地发挥自己的社交能力，这样的能力可以让他敞开大门，达到更多的目标。

对于以下每项条目，根据你的回答，在横线上填写你认为最合适的数字：

1=从不，2=偶尔，3=常常，4=非常频繁，5=总是

____当我们外出在公共场合时，我会密切关注孩子的行为选择。

____我会告诉我的孩子我永远爱他，即使当我们观点不一致时也是如此。

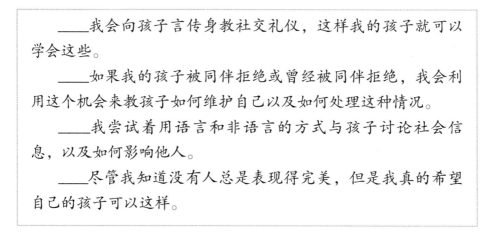

_____我会向孩子言传身教社交礼仪，这样我的孩子就可以学会这些。

_____如果我的孩子被同伴拒绝或曾经被同伴拒绝，我会利用这个机会来教孩子如何维护自己以及如何处理这种情况。

_____我尝试着用语言和非语言的方式与孩子讨论社会信息，以及如何影响他人。

_____尽管我知道没有人总是表现得完美，但是我真的希望自己的孩子可以这样。

在进一步阅读之前，花一点时间思考一下，你是如何培养孩子的社交技能和能力的。

许多儿童和成年人认为，社交成功在于能控制一种情况和其他情况。一个更像是独裁者的领导者和一个激励团队朝着共同目标工作的领导者，看起来非常不一样。如果孩子觉得自己有能力将自己的行为匹配到合适情境，知道如何与大人、同伴建立尊重的关系，并且有能力与他人合作，那么他就在社会能力发展中迈出了坚实的步伐。本章将提供一些帮助孩子发展社会能力的方法。

沟通的艺术

有效的沟通是社交能力的一个组成部分。沟通的艺术意味着要懂得更多，不仅仅是如何听和如何说。说话的时候，考虑到时间、地点、人物和情境是非常有帮助的。比如，如果你的孩子在校车到来之前想要和你开始一场严肃的讨论，而这讨论并不紧急，你又意识到他表述内容的重要性，那么你就可以建议他放学以后再讨论，这样你们双方都有充分的时间来讨论这个问题。

在决定沟通的方式和时间时，地点和环境也很重要。想象一下这两个场景——你的孩子和朋友在安静的电影院里开玩笑，你的孩子和朋友在家里开着同样的玩笑。即使这些玩笑适合他们的年龄，然而在有些环境中也会引起他人的消极反应，显然后者的环境是适合互动方式的正确环境。

接下来要考虑人的因素。想象一下，如果一个学生突然叫老师的名字，在学校里学生对老师直呼其名是不礼貌的，那么想象一下老师会有什么感受。如果学生与老师交谈，沟通方式常常会不同于同伴之间的交流。有些孩子需要比别人获得更多的指导，来学习如何将自己的行为与时间、地点、交谈人物相匹配的言谈方式。

为了了解情境，尝试描述一个评论，让其他家庭成员来猜猜（从多项选择中）其背后的含义，这会很有趣。通过你和孩子讨论可能的多重含义或对说法的解释，你的孩子将会发展出更好的提出澄清问题的能力。这对于没有肢体语言或语调来解释的情况尤为重要，比如短信息和社交媒体。

教孩子学会基本的社交礼仪

简单的表述，如"你好""谢谢""请"，这些社交礼仪用语即使是学步儿也可以在适当的时候学会使用。父母应该尽早地向孩子示范社交礼仪的应用。

斯考特的父母认为礼貌可以带来他人的积极反馈。甚至在斯考特学会说话之前，他的父母总是向他示范这些礼貌用语的使用方法，比如，"你好，斯考特！"或者"谢谢你！"当斯考特成为一个学步儿时，他开始模仿父母的表达。在斯考特2岁的时候，父母带他去餐厅，当服务员送来食物时，斯考特很自然地对服务员说"谢谢！"，服务员愣了一会儿才反应过来，然后微笑着离开餐桌。

你曾经遇到过你为过路人开门，他却没有说一句简单的"谢谢"的情况吗？如果是这样，你感觉如何？很多人在自我反思的时候都会承认自己至少有一次因太过于专注某事，以至于分心而没有使用社交礼仪礼貌用语。孩子也可能会因为某事而分心，然而有些孩子可能不是分心，那是因为他们不知道该说什么或者该做什么。

对孩子来说，每一次新的体验都会带来学习社交礼仪的新机会（比如，微笑的魅力或一个简单的"请"字）。尽管有礼仪课程专门来教社交能力，但是你也有机会向孩子传授、解释和示范社交礼仪技巧。当然，无论大人怎么说"依我所言，勿仿我行"，孩子仍然可能学着你做，而不是照你说的做。这会给你造成一定压力，但是请记住，让孩子为独立做好准备是一个值得追求的目标。

> 以下是帮助孩子发展出礼貌、尊重和关心他人的社交沟通行为的技巧。
>
> • 像平常一样，你作为一个角色榜样，在和孩子或其他人互动的时候，你要重视这些行为。
>
> • 在与人交谈过程中，请使用社交礼仪礼貌用语（比如"谢谢"）。
>
> • 注重生活中的礼貌行为（比如，为别人开门，在公交车上为更需要的人让座）。
>
> • 当孩子忘记或不知道需要应用社交礼仪时，请礼貌地指出来。
>
> • 如果一个人对你的家人不礼貌，可以利用这个机会，和孩子谈谈其他人如何才能用一种更为合适的方法来处理这件事情。

如果孩子能够理解应用社交礼仪不只是一种习惯，而且对自己和他人都有重要影响，他们就会更自然、更愿意地应用社交礼仪。使用礼貌用语和行为的人通常是一个拥有良好声誉的人。事实上，当孩子和同伴、老师、家庭成员以及将来的老板互动时，拥有积极的声誉会对他们起到影响作用。因此，这真的是一项必修的技能。另外，如你所知，应用社交礼仪可以向别人表示，你关心他们的感受，关心尊重别人，关心别人的需要。因此，社交礼仪不仅仅是简单的"请"或"谢谢"。

一部分社交礼仪是做什么，而另一部分社交礼仪是不做什么。

10岁的扎卡里总是为别人开门，也总会用"请"或"谢谢"等礼貌用语。然而，在学校足球训练中，扎卡里听到一些朋友反复地说排斥某些人的话，他很想融入。因此，扎卡里有时候会在练习时或在学校里也说这些话，即使他知道这些评论不合适。

扎卡里最初感到困惑，是因为他在学校里的其中一个朋友理查德不再和他一起，而是和其他人一起吃午饭。扎卡里觉得自己是一个忠诚的朋友，却受到这样的伤害。他和父母谈了这件事，他真的不知道友谊为什么会发生变化。他同意自己的父母和理查德的父母谈一谈。

扎卡里的父母对理查德父母说的事情感到难以置信，他们对扎卡里说："理查德的父母说，你说了一些难听的话冒犯了理查德。因为这件事，他觉得在你身边很尴尬。我们知道你在家里不会说这些话，这些话极其无理。"

扎卡里立刻哭了起来，他承认也不喜欢说这些话，他只是努力去融入那些人。当他被问到从这次经历中吸取了什么教训时，扎卡里说："我应该做我自己，努力去关心别人，而不是为了相处融洽去采取不恰当的行动。如果我必须采取这种行为方式，那么那些人可能就不是我真正的朋友。"

请与孩子充分地分享扎卡里的故事。家里出现的一些情况也会是好的教育时刻。事实上，甚至在一起看电视节目也可以作为非正式课程，以学习哪些事情有助于尊重他人，哪些事情不尊重他人，以及向别人表达尊重的需要。在第八章里我们会探讨社交媒体中的社交礼仪。

语言音调在沟通中的作用

孩子可能不会意识到，手写或打印的信件、电子邮件或文本可能无法传达出话语背后意图的微妙细节差别。

> 一个人的语调不同，可能会传递出非常不同的含义：
> - "是的，对！"
> 真诚的意图：表述传递出对另一个人分享内容的支持。
> 讽刺的意图：表述传递出对另一个人的不信任和／或不赞同。
> - "这够好了"
> 真诚的意图（"这够好了。"）：这种表达反映出对成绩符合某种标准的一种看法。
> 讽刺的意图（"这够好了？"）：这种表达反映出对是否达到最低标准的质疑。

有时候，人们会误读别人说话的语音变化，他们彼此都会感到心烦意乱。想象一下，当你只能看到对方的话而听不到对方说话时，你就会体会到要理解对方的意图有多么困难。

你可能意识到语音变化传递的一些典型信息。当然，肢体语言（在下文中讨论）也会传递很多信息，它们经常与一些语言信息交互重叠。第八章会探讨在没有语音变化和肢体语言的情况下，通过电子设备进行交流的挑战。

> 你可以与孩子分享语音语调的含义：
> - 如果听者反应很小，一直在说"啊？""什么？""对""随便"，而且声音平淡，这表达出他对孩子所

说内容的厌倦或者没有兴趣。

- 当听者参与到对话中，加入讨论，或者有更活跃的语调时，这传达出他对孩子所说的内容感兴趣而不厌烦。
- 有时简短的回答传达出不耐烦、烦躁或缺乏兴趣（比如"随便""对""当然"）的意思，然而，有时简短的回答只是传达同意的意思——语调可以帮助孩子来判断这背后的意思。
- 说话的特点可能比语言本身更能够交流信息（比如，当不耐烦时语速加快，重述别人的说法表现出积极的倾听，通过语音语调表现出关心，句尾提高声音以表示提出问题或感叹）。
- 说话的音量可以提供说话者交流内容的额外信息（比如，简单地将音量和环境相匹配，如在图书馆里小声说话，表示对周围环境的尊重；小声说话也可能传达出交流的私密性或者隐秘性；高的音量可能传递出强烈的情绪或热忱；在体育赛事上大声说话可能表现出热情；平常的音量则传递一种沟通的语调）。

除了语音变化，有些词语也会让孩子感到困惑，这是因为他们只了解字面意思，而没有意识到这些词语被用作习语、隐喻或比喻。成年人了解语音变化的重要性，以及这些表达的其他意思，但是对孩子来说，学习这些会是成为更好的沟通者的关键。

以下的一些方法，可以用来教孩子语音变化，恰当地使用习语，以及成为一名高效的口语沟通者。

- 如果你根据孩子的语音变化，认为他听起来很无聊、愤怒或不耐烦，你可以问问孩子你的想法是否正确，如果不对的话，可以和他讨论错误沟通的信息。
- 游戏会很有趣。晚餐时或在车里，某个人是否能用同样的表述来传达不同的意思（比如，"哦，好，乔叔叔要来吃晚餐了。"）。

- 如果你意识到自己在使用的语调与平时不同，请跟孩子解释清楚（比如，你只是很累，并没有生气）。
- 当孩子描述一个受挫的情况时，他可能会向你表达出不耐烦和愤怒的情绪。帮助孩子把这种语调运用到事件当中，而不要用到你们之间的互动之中（即，告诉你他的感受，而不是将这种负面情绪传递给你）。

肢体语言和外表在沟通中的作用

你还记得自己第一次看到孩子微笑时候的反应吗？在那一刻，很多父母充满了爱意、兴奋，并且感受到孩子的愉悦，以及孩子和父母的联结。如果这也发生在你身上，那么你就会知道肢体语言的力量！

有时，孩子会自发地使用肢体语言，比如不高兴就噘着嘴，受挫时就大发脾气，兴奋时会微笑，甚至又蹦又跳。不过，他们并不会总考虑自己的行为和非言语交流会如何影响其他人，也不会总是注意别人的肢体语言。

面部表情

许多脸部肌肉会展示出各种各样的表情。不过，有时一种表情代表不同的情绪表达，对不同的人来说也有着不同的意义。比如，弗兰克下班回家后，他的孩子经常认为他生气了，但他只是太累了。弗兰克不得不通过语言向孩子解释他的面部表情。

眉毛上扬可以表示惊讶、害怕，也可以是一种评价性或傲慢的态度。谁说读懂面部表情很简单？孩子没有理解面部表情真正意义的经验，也无法理解将表情和其他肢体语言以及言语线索结合起来，如何去传达一个人想要交流的信息。

有许多方法可以帮助孩子理解这种交流方式：

• 做游戏。在纸上写下不同类型的情绪词语，每个家庭成员挑选一个。然后其中一人通过面部表情来表现出这种情绪，其他人尝试猜一猜。

• 有时候，让你的孩子根据你的表情来猜一猜你的感受。如果他猜得不对，那么你可以再增加一些词语和语音变化。如果他猜对了，那么这就是一堂生动传授如何运用面部表情和词语搭配来提高有效沟通的课。

• 如果你的孩子正在做一个面部表情（比如，高兴、生气、伤心），那么你可以猜猜看，看看是否猜对，并告诉孩子他可以通过面部表情进行交流。

• 向孩子尊重地提问，能帮他更清晰地明白是否准确地读懂某人的面部表情（比如，"你看起来像是在生我的气，是吗？""我知道你参加了单词拼写比赛，看起来你好像不开心，怎么了？"）。

一个人脸上的表情可以传递许多信息，但是有时候会导致误解。如果你的孩子学会了如何读懂面部表情，并知道怎样去核实自己理解的对错，那么他将能够更好地理解别人。

其他的躯体表达

想象一下这个场景，你双臂交叉着站在孩子身边说话。现在，加上一个微笑和赞美的词语，你的孩子可能不会认为双臂交叉表示不赞同。然而，如果你只是叫着他的名字，同时双臂交叉站在那里，他可能会更关注这个肢体语言，并且感受到他在你眼里做错了事情。

孩子通常会在奔跑、跳跃和玩耍时感到舒适。不过，他们可能不太会注意自己和另一个人的距离，或不太会注意到这样会对这个人的影响。许多成年人在坐火车或公交车时，会对陌生人侵占他们的个人空间感到不舒服。为了帮助孩子避免成为这样的人，应教会他们与他人保持适当的社交距离，这是一门重要的课程。

关于教孩子和别人保持适当距离的棘手部分，就是这种距离会有很多不同的形式。对大多数年龄的孩子来说，靠近父母站着，甚至拥抱父母，也是合适的。然而，当一个11岁的孩子站得离同龄人太近，这会让他人产生不适感，特别是那些并不是孩子的朋友的人。另外，孩子站得离老师太近，也会被认为是不合适的，即使孩子可能只是在表达他需要支持或安慰。

还有一些其他经验可以教给孩子。孩子的站姿也可以传递很多信息。

凯莉有一个站立的习惯，一只脚朝前，用这只脚的脚指头敲击地面。有一天，凯莉的老师和她讨论单元测试成绩时，凯莉就这样站着。老师觉得凯莉传递出一种"我不在乎"的态度。当老师评论这件事的时候，凯莉很尴尬，也很困惑。

人们的站姿和手臂姿势（当说话和倾听时）可以让另一个人知道他们是否参与讨论、是否厌倦、是否生气、是否高兴等。有些肢体语言非常清晰。如果你和孩子交谈时，他翻白眼，那么你可能会清楚地猜到，你没有理解他。然而，许多人的肢体语言被误解了。

为了帮助孩子意识到可以通过肢体语言传递信息，你可以使用以下方法：
- 多玩面部表情游戏，包括更多的非语言交流。
- 看电视的时候，打开静音，看看你和孩子通过观看演员的肢体语言，是否能猜到发生了什么。

• 如果孩子以某种方式站立着，那么你可以问问他（以不指责的方式），你对他的感受分析得是否正确。

• 如果你发现自己正在使用的肢体语言不符合你想要表达的信息，那么你可以大声谈论这个问题，同时改变你的肢体语言。

如果你以一根手指所代表的意思为例，那么孩子可能就会感受到肢体语言的力量。大拇指朝上常常意味着"真棒"！大拇指朝下常常意味着有点失望。食指（掌心朝上）从指着另一个人到指着你意味着"过来"。食指（掌心朝下）左右摇摆常常意味着"不"或"停止"。伸出小拇指可能是关于保密的事情（"拉钩"）。

穿着打扮的风格

在别人了解你的性格之前，他们往往会根据你的外貌来判断你是一个什么样的人。虽然这些最初表面的结论有可能是错的，但是以貌取人确实会对如何看待一个人产生强有力的影响。这是对孩子重要的一课，即使他们已经是青少年，仍然如此。

许多青少年的父母要求孩子在某些场合以某种方式穿着，当孩子置之不理时，他们会感到非常沮丧。

请让孩子在年少时记住以下几点：

• 干净的衣服传递了一种信息。脏衣服或臭衣服也会传递一种信息。

• 皱巴巴的衣服和平整的衣服会影响别人对一个人的看法。

• 搭配错误的衣服会给别人留下糟糕的深刻印象（比如，有时款式搭配错误，因此在确认色彩协调之前，有必要检查一下）。

> ・许多服装适合于特定环境，但是不适合另外的环境（比如，不能穿着泳衣上学，要注意区分正式和非正式服装）。
>
> ・衣服上的标语可以让别人知道一个人的兴趣，也会引起一些谈论或评价。
>
> ・当孩子的穿着像某一个特定群体（比如，一个特殊运动员团体），这会引起大人甚至同伴的潜在社交反应，因此应该和孩子讨论这个问题。

在你还是一名学生时，你是否曾经为你的穿着与你父母产生过分歧？如果是这样，你并不孤单；在许多家庭里，这都是一场由来已久而又令人气恼的讨论。每代人看起来都不赞同或很担心下一代的外貌问题！有时候这种担心是正确的，有时则无关紧要。然而，弄清楚你是否需要干预这个问题非常重要。

一天早上，在室外温度远未达到穿短裤的时候，11岁的凯特琳坚持要穿短裤上学，她的父母则坚持让她换衣服。然而，当他们在公交车站看到其他孩子时，他们惊讶地发现，除了一个孩子以外，其他孩子都穿着短裤。后来，凯特琳和她的母亲谈起为什么那天早晨她决定穿短裤。

凯特琳：公交车上有空调，我们到学校后，教室里也有空调。我穿短裤是有原因的。

母亲：好的。我想这样的确有道理。但是我们下周去看足球比赛时，你还打算穿短裤吗？

凯特琳：认真点，妈妈。那样会显得很奇怪！我会冻死的！

凯特琳的妈妈松了一口气，她意识到自己没有必要担心凯特琳穿短裤的问题。凯特琳和妈妈通过花一点时间来讨论这个问题，这帮助她们避免了将来在同一问题上的分歧。

在一个寒冷的雪天，安德鲁坚持不穿羽绒服去上学。经过一番讨论，却仍然未果，他爸爸说："我放弃了。如果你想要这么做的话，就去吧！"五分钟后，公交车还没到，安德鲁就大声敲门，并喊着："我冻死了，快让我进去，我要穿羽绒服！"安德鲁上了一堂人生的课程，他的爸爸成功地克制住自己，并没有说"我早就告诉过你！"这样的话。

如果你觉得孩子犯了一个社交礼仪的错误，这个错误可能导致他人的排斥和负面评价，那该怎么办？孩子通过衣着打扮风格，有意无意地分享着所有信息，父母往往很难说服他们可能会传递出什么样的信息。

当父母质疑孩子的打扮或穿衣风格时，孩子经常会变得情绪化。他们感到父母在排斥和评价他们，其实父母那时候只是想要支持和引导他们。

父母在指导自己的孩子时，以下是一些有益的信息：
- 孩子听到父母大吼大叫，会把父母拒之门外。
- 孩子会认为一个愤怒的家长是反应过度。
- 你常常可以通过逻辑让孩子做出正确结论，而不是通过愤怒。
- 给孩子一些选择（比如，"如果你想要和我们一起去这家餐厅吃饭，你就要穿上合适的衬衣和长裤。如果你不想去，那也没关系。你可以留在家里。"）。
- 如果社区里有一些规则，包括安全方面（比如，骑自行车时需要佩戴头盔），你仍然可以让孩子选择（比如，"你可以佩戴头盔骑自行车，也可以不戴头盔不骑车。哪个对你更重要？"）。

如果你不确定自己是不是反应过度，或者是反应力度不够，你可以问一问你信任的其他家长或亲戚的意见。养育孩子过程中并不总是非黑即白，对或错。然而，当你知道孩子的穿衣方式可能只是一个暂时的阶段，不太可能持续到成年时，你可能会松一口气；因此，如果你的孩子开始与你较量，你可能就不会想去没完没了地争吵。当然，如果潜在的后果非常严重，甚至非常危险，你必须立场坚定并坚持下去。

如果你与孩子有开放的沟通渠道，可以和他讨论一下衣着，他的交流用语，以及他给朋友们发的信息，这些都可能会制造紧张和产生分歧。然而，如果你觉得和孩子没有开放沟通的渠道，那么，你可以尝试前面提到的一些策略，可以讨论别人穿着的方式，以及这会传递什么信息。讨论外貌如何传递某些信息，这是一种非威胁性的讨论方式。

引导孩子找到适合自己的群体

沃伦非常渴望被足球队中那些受欢迎的五年级的孩子们接受。他试着和这些男孩一起加入足球队，但是教练认为他不够好。沃伦试图和这些男孩一起吃午饭，尽管他们没有表示想让沃伦加入。沃伦带来一个足球，并提出课间休息的时候和他们一起玩。当没有人采纳沃伦的提议时，他就站在他们旁边，自己一个人玩球，而这时他们却在一起踢球。

沃伦的这种行为持续了好几周，但他并没有得到更多的认可。那些男孩在他背后开始叫他"小跟班"。他们还嘲笑他"极度渴望"地想要加入他们。很快，团体成员开始假装喜欢他，让沃伦为他们做一些事（比如，替他们做家庭作业，替他们排队买午餐），然而他们仍然在背后取笑沃伦。

你可能见过像沃伦这样的孩子，事实上，有许多男孩和女孩都想要融入某个特定的群体。这些孩子可能已经学会了努力学习的价值观。然而，当孩子似乎用力过猛，或者过于渴望或焦虑要去加入一个团体时，其他孩子可能会觉得这很烦人，不想和这个孩子有什么关系。有时候，过度渴望加入的孩子会通过努力让自己变得非常有学识甚至是高人一等来获得认可。这些孩子冒着被贴上"万事通"标签的风险，试图通过幽默来融入一个群体，但有时也会适得其反。这是因为对有些孩子团体或成年人团体适用的幽默方法不一定对别的团体也有用。他们有时候可能会被看作是"班级小丑"。当个孩子也不容易啊！

> 如果你发现孩子努力想要获得一个群体的认可，而这个群体并不适合他，你有必要让孩子知道：
> · 这只是因为某个特定群体不欢迎他，并不意味着他有什么问题；
> · 当目标现实的时候，努力是很好的；
> · 如果他还一直努力要给别人留下深刻的印象，那么这才是一个问题，因为别的孩子可能对他根本就没有什么印象；
> · 如果他不得不假装自己是另外一个不同于自己的人，那么这个群体就不适合他。

当看到孩子努力去适应一个群体，最后还是被拒绝的时候，一些善意的父母看到他们的孩子所遭受的痛苦，可能会认为他们可以帮到孩子，他们会出面找那个群体中其他孩子的父母，或是禁止孩子加入这个群体。然而，孩子可能会把这些反应看作是父母不理解的意思，可能会认为不再能够与父母分享自己的感受和强烈的"需要"。因此保证交流的畅通非常重要，这样，孩子才愿意和自己信任的大人分享这种挣扎的感受。此外，如果你打电话给这个群体中其他孩子的父母，你请求他们跟自己的孩子说让你的孩子加入进去，那么这样做可能会适得其反，这会让这位家长不舒服，也会激怒你的孩子和其他孩子。另一个糟糕的潜在后果是，因为你的电话，你的孩子可能会更容易被取笑。

教孩子学会面对被排斥和被拒绝

当孩子认为自己被同龄人排斥或拒绝时，这对他们的自信心是一个巨大打击。有的孩子可能会通过语言来向你吐露这种情况。然而，有些孩子可能会对这种经历做出行为和情绪变化的反应。这时候，孩子可能不会讨论这个问题，但是会变得更加情绪化或者喜怒无常。也有孩子可能会用挑衅或其他愤怒的方式表现出来。虽然每个孩子的表现都不一样，但是如果你看到孩子的行为或反应发生了变化，那么你就需要弄清楚他是不是正在经历社会排斥。

有一些重要方法可以帮助孩子变得有韧性，帮助孩子处理和克服这种拒绝。最好是在拒绝不严重的情况下就让孩子吸取教训，这样他们就不会被情绪所困扰。

8岁的凯亚回到家后，从姐姐关闭的卧室门听到姐姐和朋友们有说有笑的。凯亚想要加入进去，并且礼貌地敲敲门。她姐姐打开门，凯亚走进房间，坐在姐姐床上，问道："怎么啦？"凯亚12岁的姐姐立刻告诉凯亚："出去，我们现在不想让小孩子在身边。"凯亚看着姐姐的朋友们，希望她们能够说让她留下来。可姐姐的朋友们只是盯着她看。凯亚被拒绝后离开了，她感到又沮丧又生气。她跑到妈妈那里，哭着抱怨她所受到的待遇。

凯亚的妈妈努力安抚她，并利用这个机会来讨论如何处理被拒绝的感受。她的妈妈通过以下步骤帮助凯亚获得应对策略：

• 确定凯亚已经平静下来，并且在情绪上能够讨论发生的事情。

• 请凯亚从自己的视角来描述刚才发生的事情。

• 再请凯亚从姐姐的视角来描述刚才发生的事情。

• 请凯亚思考姐姐是在拒绝她的请求还是在拒绝她。

• 请凯亚思考，如果她正和朋友一起玩，这时她4岁的弟弟想要加入进来，那么她会怎么做呢？

• 问凯亚如果让她重新来处理这个情况，她是否会改变自己的行为。

当凯亚的妈妈指出，凯亚4岁的小弟弟想加入她和朋友中，她也做出类似的反应时，凯亚意识到有时候兄弟姐妹只想和同龄人在一起。因为凯亚和妈妈有着亲密、关爱和支持的关系，所以凯亚更容易接受这种讨论，她也因此感到被安慰。

如果孩子有自信心，他们会更容易从拒绝中恢复过来。当一个孩子说："我怎么啦？为什么那些孩子不喜欢我？"这时候就需要进行严肃的亲子对话。如果他遭到同伴团体的拒绝，那么孩子就无法感受到自我价值感。在家长和孩子的讨论中，让孩子反思自己的优势所在以及他对自己的自豪感，是很重要的。强调孩子的天赋、能力、技能和特殊品质可以帮助他提升自信心和自尊的水平，并且让他从拒绝中恢复过来，并将精力聚焦于寻找那些欣赏他的朋友。

以下的想法可以帮助孩子记住他们的价值，即使面对拒绝，也能度过压力时期。

• 从生命之始，不断而重复地给孩子一些信息，他备受重视，很有价值，充满欢乐，这些信息可以创造出心理韧性的基石。

• 在培养孩子的安全感和自我价值感方面，父亲和母亲的同时接纳至关重要。

• 采用本书前面提到的一些策略，培养孩子的挫折耐受力、解决问题的能力和自信心。

• 指出即使一个群体可能不接纳你的孩子，但是其他人欣赏他（比如，"许多孩子喜欢你，但是如果不是所有孩子都喜欢你的话，也没有关系。"）。

• 当孩子平静下来，你们可以讨论他的性格和兴趣，以及这些信息怎么能为找到特定朋友群体指明方向。

• 问问孩子，如果他是自己最好的朋友，那么他现在会对自己说什么。

- 问问孩子为什么这个群体看起来那么重要。

- 经过这次讨论之后，拥抱一下孩子，然后休息和娱乐一下（比如，有趣的活动，让孩子再次放声大笑，并意识到这是可能的！）。

有时候，大人能够帮助孩子们解决分歧。比如，如果你和好朋友意识到孩子们正在互相排斥，你们可以计划一个有组织的聚会，让两个孩子都专注于一项活动（比如做一个艺术项目），并且促进他们学会相互欣赏。然而，如果仅仅是打电话给对方父母，抱怨他们的孩子排斥或欺负你的孩子，往往会适得其反。

教孩子学会应对欺凌行为

欺凌的话题在媒体上得到广泛报道。有些父母常常担心自己的孩子会遭到欺负。还有些父母会担心由于自己的孩子欺负别人，而被叫到学校见校长。

欺凌发生在力量不均衡的情况下，力量越大的孩子会有意选择那些越弱小的孩子来欺负。欺凌可以通过面对面，电话留言，甚至通过社交媒体（网络欺凌）进行。不幸的是，当有些孩子在试着不恰当的引导或参与某个年龄段戏弄时，他们会被误认为是欺凌者。

如果你听说孩子被欺负，以下是一些需要思考的问题和可能会有所帮助的回答：

- 这个问题是关于欺凌还是自信（比如，"哈利总是告诉我该做什么。"）。如果你确定这是关于自信的问题，那么通过角色扮演来进行礼貌但明确的回应，你的孩子可以在这种情况下使用这个方法，当然也可以推广到未来的情况里。有时候，一个自信的朋友会为一个更被动的朋友做决定，这是在帮助孩子，而不是欺负他。

- 如果有人取笑你的孩子，那么问问你的孩子，如果让其他人知道他这样做是否会让他不舒服。有时候只要告诉另一个孩子你感受到了伤害，就可以结束这种取笑，而那个孩子并不是故意想让别人感到不舒服。

- 了解具体的细节，包括持续了多久，哪些方面的欺负，谁目睹过这些。这些信息会帮你想到帮助孩子的办法。

- 弄清楚孩子已经做了哪些努力来处理这个情况。

- 不要责备你的孩子，问问孩子和其他人之间的关系，以及在欺凌发生之前和发生时你的孩子做了什么。请注意，责怪孩子永远是不明智的做法。这些询问更多的目的是弄清楚问题，而不是为了指责。

如果孩子被欺凌了，以下是可以和孩子分享的一些要点：

- 对欺凌者而言，很难去欺负一个群体里的孩子，因为这个群体里的人都会支持这个孩子。因此，你要鼓励孩子留在一个接纳性的团体中，这个团体中的人会站到你的孩子一边。

- 有时欺凌会持续下去，是因为被欺凌者反应强烈，欺凌者认为"有趣"。所以，根据具体的情况，有时忽视、耸耸肩和走开是最好的方法，让欺凌者感到无趣。

- 如果情况是安全的，那么可以用语言回击的方法（参见下面的例子）。

- 如果孩子感到受欺凌，重要的是让他知道他可以和信任的成年人或哥哥姐姐进行讨论，并获得支持、指导和帮助。

- 如果欺凌行为具有潜在危险（比如，有遭受身体攻击的风险；从临床意义上罹患抑郁、焦虑或学校恐惧症），那么孩子须立即寻求安全，而且和成年人交流非常重要。

孩子们往往会说，他们觉得自己应该能够总是独自处理困难的情况。因此，父母应该和孩子讨论这样一个事实，即孩子甚至成年人，在处理产生恐惧感的情况，引起情绪强烈或身体疼痛的情况时，有时都会需要别人的帮助。这里的人生课程是，有时候我们都需要帮助，当真的需要帮助时，寻求帮助就是一种优势而非软弱的表现。

萨缪尔10岁时，被比他更高大、更受同学欢迎的马特欺负，马特口头上恐吓他，他感到很害怕。萨缪尔从未感到身体上的威胁，而是感到愤怒、尴尬和羞辱。最初，他不知道该怎么办，想方设法留在家里装病。萨缪尔向15岁的哥哥倾诉自己的烦恼之后，他感到自己有了一些应对这种情况的语言工具。当马特再次来招惹萨缪尔的时候，萨缪尔直视着马特，说："马特，招惹比你小的人，这让你感觉很好吗？"当马特笑呵呵地看着他的朋友们说"是啊"，萨缪尔接着看着马特的朋友们说："你们也都喜欢这样吗？好好享受生活，让我一个人待会儿！"萨缪尔屏住呼吸，等待着。如果这个方法不管用，他还有别的策略。然而这时，马特的一个朋友对马特说"他不值得你花力气，咱们走吧"，萨缪尔成功了。在整个求学阶段，萨缪尔一直都没有忘记他学到的策略，还有他和马特接触过程中获得的成就感。他获得大胆表态的自信心，而不怕恐吓，他更深刻地体会到了语言的力量，以及被同伴接纳的价值观。萨缪尔最终成为了挺身而出的人。

如果孩子遭受欺负，你可以利用这种情况来作为一个头脑风暴的机会，一起来解决这个问题。通常，哥哥姐姐这时候也会给出建议。然而，即使孩子不同意，有时候你也需要咨询如何支持孩子的方法，以确保他的安全。

培养一个挺身而出的人

一个挺身而出的人，是在目睹不公正事情的时候，站出来维护正义的人。做挺身而出的人并不总很容易。有些人有时候会被称为积极的旁观者。挺身而出的人不一定要把自己置于受害的境地，但是他们会决定出手相助，或在需要的时候积极寻求他人帮助。

作为一个挺身而出的人需要许多前提。一个人必须意识到问题正在发生，必须要承诺去纠正不公正现象，并有这样做的勇气，必须要知道如何处理这种情况，必须要有常识来评估这是不是明智的计划。对于一个外向、自信的人来说，成为挺身而出的人更容易一些，但这也不尽然。有时候，一个挺身而出的人并不自信，甚至还害怕插手，但是他的是非观念让他克服了恐惧。

以下的一些方法，父母可以用来鼓励孩子成为一个挺身而出的人：

• 和孩子一起读一些故事，鼓励孩子的亲社会行为，甚至勇敢的行为。

• 向孩子示范为正义挺身而出，并了解什么时候"保持克制"或不介入。

• 当你的孩子为正义挺身而出时，要表扬他。

• 鼓励孩子和你谈谈他所目睹的情况，以及他应该怎样去回应。

• 角色扮演有助于处理某些情况。这可以让孩子学会可能化解冲突的一些语言回应。

• 讨论如何简单地对被欺凌者说："嘿，我们和老师的会议要迟到了，我们还要去做这个项目。"这句简单的话可以帮助被欺凌者摆脱欺凌的局面。

• 讨论不直接介入而是从成年人那里获得帮助（比如，他们可以对那个大人怎么说）的重要性。

• 和孩子讨论，可以从新闻报道中吸取哪些宝贵教训，这会很有帮助。

其他孩子是中立的旁观者，这意味着他们会观看但什么也不做。也有一些消极的旁观者，他们会嘲笑，或用别的无意或故意的方式鼓励欺凌行为。有些孩子表现得很像消极旁观者，其实他们可能也和挺身而出的人一样会对情况感到不安，但是他们害怕介入，同时会发出紧张的笑声，而不是支持性的笑声，了解这些非常重要。帮助这些孩子讨论他们的反应，并学会成为挺身而出者的方法，这可以提升他们的自信心和自我价值感。一个挺身而出的人，在尝试做自己认为重要的事情后，即使结果不是即刻的成功，通常也会体验到自豪感。

如果孩子欺负别人

想象一下，如果你接到孩子学校的电话，老师告诉你，你的孩子欺负另一个学生。父母可能会经历很多反应，从尴尬到惊讶，到不相信，再到对孩子的愤怒和失望。在你得出任何结论之前，和学校老师会面来获得更多信息，会很有帮助，这样你就可以更清楚地了解情况，并了解孩子是否真的存在欺凌行为，还是被误认为参与了这种行为。不过，在会面之前，重要的是，你要先和孩子坐下来，倾听他的看法，不要做出评判。当然，许多孩子为了避免让父母失望，会说一些愿意让父母听到的部分，而不是事实的细节。

误解孩子欺负别人是常有的事。如果你的孩子被误解了，那么，你与孩子和学校工作人员一起来纠正这次误解十分重要。有些孩子行为更加自信，那是因为他们深受许多朋友的欢迎，那些朋友也鼓励这种行为，但那些弱小的孩子在他们面前就会感到非常无力。

不过，如果你发现孩子的确欺负别人，这时候需要快速干预，这样其他人就不会再受到伤害，你的孩子的声誉也会有所改善。

10岁的唐娜是个外向、自信、受欢迎的小女孩团体的领导。她经常和朋友、熟人开玩笑。玛德琳是她的一个同学，唐娜取笑她时，她常常微微一笑。唐娜误以为玛德琳喜欢这些玩笑。然而，玛德琳每天回家都会哭，说唐娜"太刻薄，她总是取笑我"。

当老师和双方家长讨论时，他们才发现唐娜的行为确实对玛德琳造成了消极影响。然而，所有人都认为玛德琳的反应使唐娜以为自己的话不会伤害她。这并非为了责备玛德琳，而是为了更好地了解情况。

一旦唐娜知道自己的话真的影响到玛德琳，她就真心诚意地向玛德琳道歉，并不再取笑她。唐娜知道了并不是所有人都有同样的幽默感。这件事情以后，唐娜在和别人开玩笑时更为谨慎，因为她知道并不是所有人都会说出自己对取笑的真实想法。玛德琳接受了短期咨询，并致力于发展更有弹性的技巧，比如，对不喜欢的评价或取笑的回应方式。

不幸的是，有些孩子是故意欺负别人。一个孩子为什么选择欺负其他孩子，其中会有一些原因（比如，情绪原因、环境原因、生活经历）。但是，如果孩子欺负别人，并且对于干预也无动于衷，这就会非常严重。那就需要探究一下，他的行为背后的深层原因，以及为什么这些干预对有同样行为的其他孩子有效，对他却无效。

无论孩子是一个被欺凌者，一个无意的欺凌者，还是表现得像一个欺凌者，你都必须要设法解决这个情况。如果一个简单而直接的方法在纠正情况时并不奏效，那么在寻求解决方案的时候，请其他成年人参与解决也很重要。有时，在有这方面经验的心理健康专业人士的指导下，孩子会从自我反思和技巧学习中受益良多。

本章总结

本章中，你阅读到社会交往相关的各种主题，包括语音语调和肢体语言在沟通中的作用，选择性地用这些会如何影响到别人。另外，还谈及如何帮助孩子成为挺身而出的人，以及欺凌的话题。在下一章中，我们将会探讨在计算机时代养育孩子的各种挑战，包括网络欺凌问题。

第八章

独立使用电子设备：
教孩子学会权衡利弊

无论好坏、有益还是有害，都有必要来聊一聊关于电子设备的技术问题。与许多其他先进技术一样，如何使用这些电子设备决定了它的用处和帮助有多大。技术包括许多日常使用的功能，比如发短信、上网、参加在线教育，与不同地点的同事开会，运用机器人进行手术或驾驶汽车（甚至乘坐无人驾驶的汽车）。有时，不仅要监控孩子在电子设备上的使用情况，还要让他相信你更了解电子设备的使用，尽管他可能在技术上更成熟。

本章中，我们会讨论孩子过度使用或未经审核使用的技术，以及在社交媒体上互动时可能会存在的风险。另外，我们还会讨论特定网络行为的一些社会和法律后果。当然，孩子可能会从技术中获益的方式也很多，我们也会探索这些方面。

在进一步阅读之前，花一点时间来反思一下，你是如何在家里家外培养孩子适当地使用电脑的。

对于以下每项条目，根据你的回答，在横线上填写你认为最合适的数字：

1=从不，2=偶尔，3=常常，4=非常频繁，5=总是

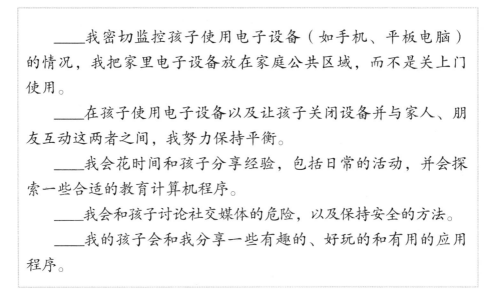

_____我密切监控孩子使用电子设备（如手机、平板电脑）的情况，我把家里电子设备放在家庭公共区域，而不是关上门使用。

_____在孩子使用电子设备以及让孩子关闭设备并与家人、朋友互动这两者之间，我努力保持平衡。

_____我会花时间和孩子分享经验，包括日常的活动，并会探索一些合适的教育计算机程序。

_____我会和孩子讨论社交媒体的危险，以及保持安全的方法。

_____我的孩子会和我分享一些有趣的、好玩的和有用的应用程序。

在当今世界长大的孩子如果能熟练地使用电子设备，这是一项优势。然而，父母面临着许多挑战，当他们在无法完全监控孩子的网络和社交媒体网站活动时，他们会感到不适。当然，大多数父母都会认识到许多重大的技术进步，比如在医疗领域，像助听器、人工耳蜗、计算机引导的放射治疗，等等。本章中，你会了解电子设备对孩子的益处，以及你可以考虑和应对风险的方法。

电子设备给孩子的学习生活提供了有利条件

大多数孩子都能想出很多理由来使用手机或平板电脑。虽然他们只是说出了一部分，但是他们的理由通常是正确的。让我们来探讨一下这些理由。

在学校里，当学生在课堂上研究主题、制作演示文稿（如PPT）和打印论文时，他们经常会用到电脑。甚至在电脑上也有适合儿童玩的教育游戏（如数学游戏），通过玩这些游戏可以强化他们对学科领域的知识。如果你也知道如何使用这些程序，这会很有帮助。请你的孩子分享他在学校里运用技术设备支持他学习的方式。

在家里，当孩子需要分组完成家庭作业时，技术往往非常重要。有许多程序，可以帮助孩子在互联网上一起完成团队项目。孩子可以通过一些应用程序以高效的方式来共同工作。小组聊天是孩子成为学习小组成员的一种好办法，即使他们在自己的家里。

11岁的玛丽从小就开始接触电脑，她知道如何浏览网页。在学校里，当她被要求做演讲或者小组项目时，她已经学会并知道如何运用各种技术来展示自己的知识。

你和老师越早开始帮助孩子，将运用技术（比如，编辑和组织工作，组合文字、图像甚至音乐）所提供的积极功能与孩子在生活其他方面的执行功能技能结合起来，你的孩子就会越容易感到自信。当然，父母监控孩子在网络上的行为很重要，本章稍后的内容会对此进行探讨。

当孩子有特殊学习需要或选择特定的学习方式时，电脑也会很有帮助。比如，一个靠视觉学习的学生可以通过在线教育视频来总结课堂里老师讲到的要点。患有精细运动障碍的孩子可以更容易地使用键盘。甚至，还有一些程序可以让孩子口述信息或论文，转入到文档处理程序。许多便利方法需要得到老师的同意，并且不是完全依赖这些技术，而是在必要时通过这些技术获得支持。

其他技术的优势还包括，孩子在学校里没有固定电话时，他能够通过手机联系你。一个及时的短消息可以让你知道你什么时候需要接孩子。孩子甚至可以在手机上输入简短的笔记，以此提醒自己完成作业或完成某些任务。

现在的信息触手可及，真的令人惊叹。几秒钟内，许多孩子就能找到感兴趣的话题信息，可以在不注意拼写规则的情况下发信息，还可以访问各种各样的应用程序和游戏网站。然而，如果孩子在没有电脑的情况下从不学习研究问题，或者由于发信息时不需要拼写规则而从不关注规则的拼写方法，或者沉迷于游戏，那么技术的负面影响尤为明显。

电子设备给孩子的社交生活提供了有利条件

许多媒体报道了孩子在使用电子设备与他人互动时带来的风险。本章后面会重点介绍这些问题。不过，通过电子设备和他人联系也可以产生许多积极的结果。

快速发送信息

请回想一下过去，当一个人想和不在场的其他人联系时，他就必须要找一部电话。你可能会遇到一个忙音，没完没了的铃声，这样非常受挫。而现在，孩子经常可以随时随地通过手机发送和接收信息。这意味着你的孩子可以快速发信息询问你他的朋友是否可以过来，或者发信息给一个或更多朋友来安排一次聚会。信息接收者可能无法在那时候聊天，有时可能也无法立刻读到信息，但是信息仍能留存在那里等待被阅读。

在一些社区里，大部分的社交计划可能通过信息的方式进行。在这种情况下，无法接收信息的孩子必须要找到其他方法，去了解朋友们计划的社会活动（比如，通过当面询问朋友来知道这个计划）。如果你认为你的孩子还太小，不需要手机，那么就有必要指导他，如何通过其他多种方式联系朋友，比如用家里的电话、在学校里谈论，等等。

无法相聚时的社交

你可能知道，当孩子越来越大，最终成为青少年时，朋友会成为他们日常生活中越来越重要的一部分。这种对同伴的重视是自然而然的，而且随着孩子走向独立，这种重视常常是一个进步。然而，当发生这种情况时，父母也许会感到焦虑，一方面他们希望同伴群体可以带来积极的影响，但是另一方面他们又担心不会有积极影响。

当朋友们无法在一起时，他们经常有能力通过网络来联系。当孩子在家里，但又无法专注于或参与到家庭活动时，这会让父母感到沮丧。当孩子过于关注社交媒体时，可能会有一些弊端，但在适度的情况下，也会有许多好处。

你可以决定让孩子在哪里使用电子设备，这样你就有机会更容易地进行监控。

　　10岁的丹尼斯喜欢和朋友们一起聊天。他的父母允许他这样做，但同时也设置了家庭规则，包括他们聊天的时间，他的行为和语言，以及在这种情况下他必须要在家里的房间内。他的父亲或者母亲可以在任意时间进来，以确保这次聊天是合适和积极的。他们偶尔会对丹尼斯和朋友聊天的一些内容感到不舒服，却没有当即打断表示反对或担忧，以免让丹尼斯感到尴尬。相反，在当天晚上的晚些时候，他们会就此作为一个吸取教训的时刻。

在网络上进行社交，父母需要帮助孩子：
• 明白在群体里什么时候该说话，什么时候该倾听；
• 通过语音语调来判断信息背后的意图；
• 熟悉适合年龄段的用语；
• 随时更新其他人分享的最新消息。

　　如果儿童或青少年想要通过网络进行社交，就会存在一定的风险，我们将在稍后讨论。不过，如果你允许这种方式，那么以下是一些需要考虑的想法：
　　• 并非所有的电子游戏都适合所有年龄段的人。和别人玩电子游戏是一种受欢迎的活动，所以有必要花一点时间来看看游戏，讨论游戏主题，并在孩子开始和同伴互动之前，讨论一下是否适合玩这种游戏。

• 如果你确定某种电子游戏是不合适的，不应该玩，那么向孩子解释你的理由，这样，孩子就不会认为这只是你的一个随机决定或只是想要控制他的行为。

• 当孩子在使用电子或技术设备时，考虑设定时间，这样他也可以有时间关注家庭生活，与同伴面对面交流，以及完成其他的职责（比如，家务、家庭作业）。

• 回顾一下你对孩子在使用电脑上行为的期待（当然，在任何情况下这些期待都是很重要的）。对有些孩子来说，可以让他们签订一份有明确规定使用电子设备规则的协议，这会很有用。

• 如果你的孩子不同意你的规则，倾听孩子的想法，再决定你是否要妥协，然后让孩子知道你的最终决定。如果孩子不服从，那么让他知道后果，并要求他重新考虑自己的立场。相应的后果可以是只有在需要完成学校作业，并且你也在场的情况下才能使用电脑。你可能觉得还需要一些额外的后果，但是请确保孩子知道怎样才能重新获得他使用电子设备的权利。

• 和孩子一起回顾信息的永久性、网络欺凌、滥用技术的法律后果，这样他就不会犯下意外却严重的错误（你也可以向孩子的学校核实一下，看看学生们在这方面是如何接受教育的）。

• 根据孩子的情况，请在监督孩子和给予孩子隐私权之间找到适当的平衡。

通过网络进行社交活动可以是一种有利条件，特别是当孩子因病在家或者因恶劣天气无法和别人在一起的时候。在这些时候，许多成年人也会发现技术的益处。无论是孩子还是父母，这时候接触朋友都有助于减少烦闷感！

几十年以来，人们通过写信、打电话和定期拜访，来保持着和远方朋友与家人的长期联系。如今，在网络上人们可以面对面交流，可以看到面部表情和肢体语言。另外，这种技术可以让一个人向朋友或亲戚展示某些特定的东西，或向他们介绍某人（例如，布雷特向他的朋友展示自己如何装饰新房间，并向朋友介绍自己新养的狗）。有时，孩子甚至能和住在远方的同学联系。

分享共同的体验

当孩子渐渐长大，和同龄人成为朋友并且拥有共同的经历时，与同伴在网络上交流可以培养孩子的安全感和归属感，还可以了解其他人如何经历特殊发展阶段。朋友之间分享的笑话、兴趣和活动，不仅能让孩子感到愉快，还可以让孩子意识到，有时候在没有大人监督的情况下，他可以玩得很开心也很安全。虽然聚会是社交活动的重要组成部分，但是孩子通过社交媒体与朋友联系也可以进行社会交往，而且很有趣。

尽管你会同意孩子和朋友在社会媒体上交流，但是你可能更担心孩子会玩电子游戏。有些父母完全禁止这些游戏。然而，如果你的孩子对同伴常玩的电子游戏或网站不熟悉，那么他会感到被同伴所排斥。因此，你要想清楚你允许孩子在网络上看什么或做什么，这些都是需要和孩子一起考虑并讨论的重要问题。

还有另外一些运用技术的方法，可以培养共同的体验或提升交流的便利性。想象一下，如果你们全家到一个只说英语的国家去旅游，而你的孩子不熟悉英语。虽然他可以通过非言语交流和同伴接触，但是仍然存在局限。通过使用一个应用程序，可以翻译孩子的话，这样别的孩子就可以理解他所说的内容。另外，孩子还可以通过网络来保持和老朋友面对面的联系，这样他就不会感到完全的失联。

尽管生活在一个技术先进的世界里有很多优势，但是显然也会有一些需要谨慎的地方和缺点。在接下来的内容中，你将有机会了解这些。

孩子使用网络和社交媒体的弊端

你可能是在科技世界里长大，知道科技的用处，也知道它的弊端。在这部分，你将有机会思考如何预防、最小化这些风险，或只是监督其中一些方面，以及可能会如何影响你的孩子。

当你为孩子设定如何使用电子设备的指导规则时，记得与孩子讨论为什么要制订这些规则。这样做，孩子可以更加明白理智使用电脑的问题、风险以及好处。适当的时候，为了培养孩子在大人不在场时的自我反思和做出正确决策的能力，你可能想要指导孩子，但这需要由他来决定自己对电子设备的使用。

在学校里

在学校里，成年人通常会对孩子使用电子设备设定时间限制。尽管孩子知道这些规则，但是他们在学校还是会忍不住想玩手机、发信息或玩游戏。在错误的时间或地点参与一个这样的活动，这种即刻满足会取代他们对遵守成年人制订规则的关注。

> 克里斯蒂娜在10岁生日时得到一部手机。几天内她就下载了几个有趣的应用程序，并熟练地使用手机的各种功能。在学校，克里斯蒂娜是一个出色的学生，能够很快掌握课程里的知识。她一旦理解了课程内容，就会变得很无聊，然后开始用手机玩游戏或发信息给朋友。她没有明显地扰乱课堂秩序，但是注意力分散了。有一天，她看完手机抬起头，意识到老师已经进入新的一课，她完全错过了新的信息。克里斯蒂娜对于错过的内容感到非常焦虑，并担心下一次的测验。

即使是成年人，在会议中，也会有类似克里斯蒂娜的情况。有时候无聊很难忍受，特别是当还有其他电子设备可供选择的时候。对孩子来说，能够忍受一些无聊，想出有效的方法来减少这种无聊，并与老师交流他们的感受，这是一种发展自我做主的重要技能，而不是选择退出智能手机的世界。

如果孩子在学校里使用电子设备，老师可以在课上把这些设备拿走。请向孩子的老师或学校管理人员咨询学校的政策。孩子在学校里用手机的许多行为，都可以导致老师的斥责、惩罚，并且暂时被没收手机。当然，如果一个孩子拿着数学试卷拍照，发给当天还要考这份试卷的朋友，那么他这样的行为就会被认为是不适当的行为。在上课期间发信息会让孩子错过很多课程，因此，这也被看作是不合适的做法。

以下内容是需要和孩子讨论在学校里使用电子设备的要点：

• 了解在学校使用电子设备的规则，并与孩子讨论这些规则，以免他无意（或故意）违反规则。

• 讨论一些规则背后的原因，例如专心上课，尊重身边的人，或考虑特殊情境里适当的礼节。

• 讨论错过课堂信息需要承担的个人后果（比如，焦虑，缺乏信息）。

• 讨论如果在错误的时间、地点，以错误的方式使用手机或平板电脑，会导致丢失的后果。

• 向孩子示范，如果时间、地点不合适，甚至无聊时，你是如何避免取出手机的。

除了与在学校使用电子设备有关的社会和行为问题，过度依赖短信也会带来一些学业上的问题。发信息时用的一些词语有时不是按照传统方式拼写。

当泽夫发信息给朋友时，他是这样写的："你去参加同学聚会么？"现在，想象一下，如果在课堂作文中，他也这样写。一般来说，学生们都知道把"吗"写成"么"

不是常规用法。然而，孩子不会主动记住，有些信息拼写不是传统的方式，或不是课堂作业的正确拼写方式。

使用文字处理器可能会增加学习拼写和语法技能的其他障碍。我们常常会运用拼写检查程序和语法检查程序来纠正打字时的疏忽。然而，有些学生太依赖于此，以至于无法发展出自己准确拼写词语的自主性。因为孩子最终在大学或工作中会被要求记笔记或评论，这时候并没有拼写检查程序可以使用，所以，对孩子来说，在不会总是依赖计算机的情况下，学习书写技能非常重要。

要帮助孩子建立这些能力，可以进行以下操作：

· 和孩子讨论计算机的好处，以及了解正确拼写和语法规则的必要性（比如，有时候在进入面试室之前，可以预先写下可能被提问或出现困境的答案）。

· 联系孩子的老师，看看在孩子发展这些技能过程中，你可以怎么支持他，而不是依赖于电脑。

· 如果孩子"邮寄信件"给亲戚，这甚至可能会有所帮助，因为他会保持对这种沟通方式和沟通所需技能的熟悉度。

一个孩子过度依赖技术还会有其他一些代价。从智力上来说，如果一个孩子是好奇的学习者，他在电脑上探索新信息，这是技术的优势。然而，如果同一个孩子不知道如何在没有电脑的情况下独立研究信息，那么在只有书本的情况下，他可能就处于弱势地位。

11岁的斯蒂芬计划在交作业截止日期前的一个周末，完成老师留的一个研究项目。他十分自信自己可以在这段时间内完成这个项目。对斯蒂芬来说，非常不幸的是，这个周六和周日早上都停电了。斯蒂芬开始感到恐慌，他告诉爸爸："我完成不了这个项目了。我需要电脑。您能帮我写个假条给老师吗？这样我就可以有更多时间来做这个项目。"

如果你是斯蒂芬的爸爸，你会如何回应呢？斯蒂芬确实无法控制特殊情况（比如，停电），但是他做出等到最后一刻再完成任务的决策，显然对他不利。另外，他没有考虑使用百科全书，也没有查阅其他参考书。

斯蒂芬的爸爸认为有许多帮助儿子的选择，包括：（a）给老师写假条，请求给斯蒂芬宽限交作业的日期；（b）告诉斯蒂芬可以使用家里的相关图书；（c）告诉斯蒂芬，因为他拖得太久才开始做，所以他必须面对去学校的后果；（d）利用这个机会帮助斯蒂芬提高他的时间管理技能，学会如何在没有电脑的情况下进行研究和写文章。

斯蒂芬的爸爸选择了（b）和（d）两项。因为斯蒂芬很担心他在截止日期之前没有完成作业，所以他接受了父亲的指导。斯蒂芬乐于听取爸爸分享的知识，这让斯蒂芬的爸爸感到非常高兴。对于等到最后一刻的煎熬，或是对电子设备的过于依赖，斯蒂芬不想再有这些不舒服的感受。因此，斯蒂芬更愿意让他的父亲来解决这个问题，而不是把这件事当作一种教训机会，不过斯蒂芬还是听了父亲的话，在研究主题时，他能够在没有电脑的情况下把参考书当作适当备用工具。多年以后，斯蒂芬仍然记得爸爸教给他的这堂课，现在他已经能够独立地运用这些知识。

在家里

现在甚至两岁多的孩子就知道如何使用父母的手机或平板电脑来玩了。这是幼儿学习和运用信息能力的显著标志。当孩子越来越大，有时候，在父母忙于其他事情的时候，孩子可能会长时间地玩电子游戏。然而，总有一天，使用这种电子设备可能会带来或大或小的弊端。

例如，当孩子在手机或平板电脑上长时间玩游戏时，包括长时间盯着屏幕，而不是去户外活动，这会导致眼睛疲劳、体重增加、社交孤立或其他技能缺乏发展。当孩子戴着耳塞听音乐时，这需要引起关注。当音量很高时，音乐通过耳塞直接传递到耳朵里，一些年轻的使用者会遇到听力障碍问题。

成长在科技世界中的另一个弊端是，有些孩子很少看到硬币或纸币。

杰奎琳一直知道购买商品要通过一台机器刷卡或把卡递给售货员来支付商品。她的父母从不带现金，并以此为荣。甚至当杰奎琳年龄大到可以和朋友一起出去购物时，她的父母给她一张信用卡。不幸的是，这样的消费方式剥夺了杰奎琳了解硬币和纸币的机会。事实上，她从未学过预算，她认为信用卡是一种无穷无尽的消费。

对孩子来说，和父母一起讨论信用卡、借记卡和现金非常重要，这样他们就可以在长大后理智地使用这些选择。

如何监控孩子使用计算机和网络的情况？

本章中，你了解到监控孩子使用电脑的益处。有时候孩子会把面对面的交流技能泛化到网络世界的沟通，比如发信息或发电子邮件。你可以和孩子花些时间来讨论一下，在电子邮件或短信中，由于缺乏语音语调或肢体语言，信息接收者可能会误解发送者的意图，这会很有帮助。当你的孩子在开玩笑时，另一个人可能认为他是认真的。想象一下由此引发的沟通问题吧！由于这些误解，他们可能会失去友谊。

另外，在互联网上的交流信息通常可以永久留存记录的一部分，这些信息也可以被共享到孩子从未与其交流的其他人那里，这些问题可能会引起麻烦。陌生人危险（本章后续内容将提到）和网络欺凌的严肃话题特别值得关注，这样孩子就不会无知地面对这两个问题。当发生这两种情况时，与父母的开放性交流会帮助许多孩子避免欺凌，或纠正那些被认为是网络欺凌他人的孩子的行为。

防范网络欺凌

在第七章中，我们讨论了欺凌的话题。当欺凌通过互联网发生时，这被称为网络欺凌。虽然第七章分享的信息为处理欺凌提供了指导，但是在网络欺凌中有一些独特的问题。比如，这种欺凌不是发生在欺凌者与被欺凌者面对面的情况。另外，刻薄的话或不雅的图片都可以迅速又简单地转发给许多人，这些人可能是攻击者想要与之分享的人，也可能是不想要接收信息的人，因为其他人可能都会转发这些信息给更多的人。

关于网络欺凌，以下是一些重要的补充要点：

• 教育最重要（比如，信息会被永久保存；其他人可能会受到严重伤害，甚至可能你自己都不知道；可能在将来会对你产生不利影响；网络欺凌有一些法律后果）。

• 如果可能的话，讨论改变情况的方法。

• 孩子在生活中需要承担后果，所以，如果孩子滥用技术，请考虑在规定时间内取消他使用网络的权利。

有时候，孩子发送伤害性的信息给其他人时，他会带有讽刺的意图。然而，如果没有语音语调（如前所述），这种讽刺的含义就会消失，别人可能只是从字面上去理解这些词。另外，如果攻击信息的发送者想要让某人感到不舒服，那么，他无法立刻知道这个信息接收者是否沮丧、愤怒或焦虑，还是认为这个信息只是为了逗乐。

参与网络欺凌的个体被称为欺凌者或攻击者。有时候，这些孩子只是需要教育，而不想被贴上标签，因为他们并非故意想要伤害别人的感情，他们也必须从自己行为的非故意结果中吸取教训。

网络欺凌的接受者经常被贴上受害者或攻击目标的标签。因为这些受害者在处理这些情况时有一些选择，他们也不仅仅是被动的接受者，所以现在通常被称为攻击目标。

如果你发现你的孩子成为网络欺凌的攻击目标，那么以下内容是一些重要提示：

• 让孩子保存这些信息并给你看，即使他可能会对此感到尴尬，想通过删除的方式来让这些信息消失。

• 问问孩子对这些信息的感受，然后不带评价地倾听，并探究这些信息为什么会导致那些特殊的感受。

• 如果你感到这条信息是有害的，与孩子谈谈，他和信息发送者的关系，并问问是不是第一次出现这类信息。

• 如果这些信息没有让你的孩子感到不舒服，也没有直接威胁到孩子或其他人，信息发送者过去也没有过这种行为，而你的孩子想要回应，你可以扮演教练的角色，而不是即刻和直接进行干预。然而，重要的是，你要继续监控将来的任何信息，以了解消极信息是否还在持续。

• 如果你充当教练，那么你需要鼓励你的孩子避免和信息发送者进行冗长的讨论。讨论快速回应和忽略信息的益处。尤其需要强调的是，孩子选择具有共同价值观且互相尊重的朋友非常重要。

• 最后，请你和孩子讨论一下，他在什么时候应该寻求额外的帮助，以及什么时候可能需要你直接干预。

如果你觉得有必要直接干预，这并不意味着你要面对孩子，甚至可能也不是意味着你要面对其他孩子家长，或试图和他们交谈（这种做法有时候有用，但也可能没有效果，甚至是适得其反的）。有时，家长可能希望让学校工作人员（如校长、学校社工、学校心理专家）、儿科医生、社区心理健康专业人员或其他可以提供指导的个人参与其中。如果受到严重威胁，那么你可能还需要咨询警方。

即使你认为这些信息只是让孩子有一点不舒服，但重要的是，对你来说可能微不足道的事情，对孩子来说却不一定。要支持、理解和帮助孩子，这会让孩子感到自己被关爱和被保护。如果你和孩子讨论过应对方法以后，他还是感到不知所措，那么这时候就需要寻求专业帮助了。

作为监护人和监察员的职责

父母对孩子使用电脑的监控，到底是审察还是监护，这是一个有争议的问题。你有没有思考过这个问题？花些时间认真思考一下这个问题是很重要的，这样你的行为才会看起来和你的信念保持一致。

在孩子使用电子设备时，意识到一些关键问题会很有帮助：

• 孩子可能会有意或无意中偶尔发现一个色情网站，或者充斥严重暴力的网站，或者对网站信息的理解超越他的年龄阶段，或者可能会让他在情感上无所适从或影响了他。你可能不知道这种暴露于不良信息的情况。如果你不知道孩子在看什么，那么你要帮助他就会更困难。

• 有时候，父母会定期监控孩子在电脑上做什么（当孩子在电脑上研究学校作业、玩游戏等时，不用担心这时监视孩子），因为孩子不会意识到，有时候快速弹出的窗口会让他有机会进入一个你不允许的网站。

• 孩子可能会玩电子游戏，这些游戏从包装上看起来没问题，但实际上游戏的暴力级别让你瞠目结舌。预览游戏通常可以帮助父母避免让孩子接触年龄不适宜的内容。当孩子玩在线游戏或者下载游戏的时候，你必须更加警惕，因为这些游戏没有包装可以参考。

• 当孩子和他的朋友在网络上玩电子游戏时，可能会有不认识的"孩子"要求加入或被其中一个朋友邀请加入。你可能听说过一些关于成年人假装成孩子的可怕故事，他们在网络上和孩子建立联系，以获取孩子的个人信息。为了保护孩子免受那些专对孩子下手的人的伤害，持续监控孩子使用电脑的情况，反复讨论陌生人的危险和那些别有用心的人有多狡猾，这些都非常重要。你可能知道，有时候即使看起来是你可能认识的人发来的电子邮件，也有可能是一场骗局，实际上不是来自那个你认识的人。这是另一个需要和孩子一起反思的话题，因为这样会让你的电脑很容易受到黑客攻击。

• 当讨论陌生人危险的话题时，你也可以花一些时间和孩子讨论这个世界上有很多好人。强调人性积极的方面有助于避免孩子不信任任何人，并有助于就如何区分交往的人是正面人物还是有潜在危险的人进行讨论。

• 儿童和青少年，可能会给朋友或其他人发送自己的照片。如果你的孩子正在给别人发信息或照片，那么这些可能会被传给其他人，直到最后很多接收者都能看到这些信息或照片。孩子往往认为发信息或照片只是与其他人的个人联系。然而，这是永久记录，一旦他们发送出去，对于这些内容会去往何处，谁会看到这些，他们就已经失去了控制。孩子有时候会发送一些他们从来没有展示过或者与其他人面对面讨论过的照片或信息。不知什么原因，计算机的"保护性距离"让这些不可接受的事情看起来变得可以接受。在孩子成长过程中，这个问题必须要反复讨论。甚至成年人也需要关于这个话题的提醒！

养育孩子一直以来都是一个有趣但富有挑战的经历。当今时代，孩子能够接触如此多的信息，并且几乎能够立即通过电子设备进行沟通，养育孩子可能会变得很复杂。许多儿童和青少年拥有自己的电子设备（如智能手机），这可以给他们获取知识的能力，接触信息（包括合适的和不合适的），并且几乎能即刻与他人分享这些信息。你可以做一些事情来让孩子得到电子技术的益处，同时又能降低风险。

在监控孩子使用电脑的同时培养独立性

许多孩子很快就能学会如何使用手机或电脑，他们经常会因此认为他们可以相信自己的所作所为而不需要被监控。作为成年人，我们都知道，拥有这项技能并不意味着知道如何明智或安全地使用电脑。这就是育儿的意义所在。正如你所知，养育孩子没有那么简单。有时候，当你监控或限制孩子使用电脑时，你可能会发现他对你的管控感到恼火甚至怨恨。

以下是一些提示，既能让孩子拥有一定的独立性，又能让你继续监控他们使用电子设备：

• 把电子设备放在家里的公共区域，这样做孩子就不会质疑你是否信任他，因为这只是摆放在家中指定的技术设备区域。

• 设置合适的时间，包括什么时候可以使用电子设备，什么时候你可以进行监控。如果家庭规则规定在餐桌上不能发信息或使用电子设备，那么就要适用所有人（当然，除非有紧急情况需要处理）。

• 学会有效的控制。有一些非常棒的软件和应用程序，可以让你为孩子屏蔽某些网站，并且可以让你了解他使用电脑的情况。

> • 如果你不确定如何进行有效的控制，那么你可以咨询当地电脑商店，请教孩子学校的管理员，或者甚至可以询问当地警察。
>
> • 花一点时间和孩子讨论为什么你要进行控制，以及滥用电脑、智能手机等的法律后果。突出强调孩子也需要为自己的线上行为负责（如网络欺凌）。
>
> • 选择适当时间和孩子开诚布公地讨论以下问题：在网上分享他们不想公开的私人信息或照片的危险，来自陌生人的危险，以及网络欺凌的危险。

平衡"网络世界"和"真实世界"

使用网络有许多优缺点。你如何平衡好使用电脑的"时间"、"地点"和"方式"呢？这些都是棘手的问题，在回答这些问题时，有一些重要问题需要思考。

比如，许多父母很难确定何时才能允许他们的孩子使用手机。有些父母规定孩子到了某个固定的年龄来使用手机。有些父母会和其他孩子的父母一起讨论孩子使用手机的风险和益处，以及其他孩子使用手机的年龄。不管怎样，问问你自己，你的孩子现在能从手机中获益的原因。如果你没有答案，那么这可能还不是他使用手机的合适时间。

如果你的孩子是他们班级中得到手机最晚的那一个，那么这可能会产生一些社交影响。无论何时你的孩子开始使用手机，都要向孩子明确使用规则，分享不合适内容或图片的法律后果，以及当缺乏语音语调或面部表情时的评价会产生的误解或伤害他人的风险。有许多应用程序可以让你监控孩子使用电脑的情况、发信息等。你是否使用这些应用程序是个人的决定。

正如你在前几章读到的，随着孩子年龄的增长和独立性的提高，他们的执行功能技能变得越来越重要。因此，如果你决定给孩子一部手机，可能同时还要给他一些使用手机方面的自我监督控制权。通过这种方式，孩子开始学习自我监督的技能，并能在指定的范围内使用手机。孩子使用手机或其他电子设备，会给父母带来一些挑战性的问题。

斯贝尔曼夫妇为如何在家使用电子设备的问题而苦恼。当他们的孩子进入学龄期，他们决定在房间里放置两台电脑，一台在厨房，一台在客厅。他们之所以选择这些地点，是因为这样他们就可以很容易地看到孩子的上网情况。他们的孩子在这种环境中成长，接受了这种安排（有时候有些不情愿），也经常自我监督，这样他们的父母会继续允许他们接触电脑。

当孩子长大到可以用手机的时候，斯贝尔曼夫妇把自己的手机和孩子的手机连接起来，这样他们可以接收到孩子的网络行为信息。另外，在用餐时间和家庭时间里，所有手机都放在一个篮子里。这样，孩子和父母都不会想要去看自己的手机。当孩子有时抱怨这条规则时，他们的父母平静地说："这条规则适用于我们所有人。我们想要一些时间只和家人待在一起。"

斯贝尔曼夫妇认为，限制孩子使用社交媒体会让他们错失这种常用的沟通方式，从而处于不利地位。然而，当他们发现他们的孩子在聚会上不善于社交时，他们增加了面对面的交流机会，以此给孩子提供机会在"现实世界"的舞台上进行社交。

在车上或吃饭的时候，斯贝尔曼夫妇常常以对话的方式和孩子讨论一些重要的话题。有些话题与电子技术有关，比如网络欺凌，陌生人的危险，在网络上没有真正的隐私，以及一些负面消息如何在短时间内摧毁友谊或让某些人感到尴尬、受伤、感觉糟糕。因此，当斯贝尔曼夫妇的孩子在朋友家里有机会使用网络的时候，即使没有成年人的监督，他们仍然会记得他们受到的教育，远离这些有害的陷阱。

如果你想帮助孩子了解在家中使用网络的时间、地点和方法，那么你可以参考斯贝尔曼夫妇的一些做法。和孩子讨论你做出决定背后的理由，可以帮助孩子内化这种逻辑，这样他们可以在你不在身边时进行自我监督。你监督孩子使用手机的程度是一个非常个人的决定。此外，我们必须要引导孩子在使用和不使用电子设备之间保持健康的平衡。

在没有电子设备时能做些什么？

随着孩子逐渐成熟，他们不仅能使用电子技术，而且能够社交，享受生活，并且能在没有电子设备的情况下用富有创意的和有趣的体验来充实自己的时间，这对孩子来说很有帮助。许多父母发现，当完全没有电子设备的时候，比如停电时，每个人参与家庭活动是非常值得的事情。也有一些时候，父母会鼓励家庭成员远离电脑，更多地关注其他事情。

以下是在没有电子设备时可以帮助孩子享受的一些活动：
• 不同年龄的兄弟姐妹可以关注社交媒体，或与同龄朋友交往。在家庭外出旅游或露营时，对于兄弟姐妹来说，这是在一起做事和玩耍的好机会。
• 孩子们可以玩游戏，比如捉迷藏，在操场上玩，参与体育游戏，学习棋盘类游戏，等等。不同年龄的孩子都可以参加这样的活动，甚至成年人也可以参与并享受其中！
• 面对面交流可以帮助孩子专注于许多信息，包括语音语调、面部表情、幽默和对话。

• 这段时间让孩子分享的情感体验可能比使用电脑时更丰富。

• 这段时间让孩子拥有安静的"自我时间"，孩子可以找到创造新游戏或艺术项目的方法，学习自我消遣，并不会担心不能进入社交媒体网站或玩电子游戏。

以下是可以实现这些目标的一些建议：

• 晚餐或家人团聚时，每个人都参与创作一个游戏活动单，列出在没有电脑的时候想要尝试的游戏或活动。然后，当灯熄灭时，你有一些必要的物品，每个人可以一起玩这些游戏（甚至可以用蜡烛或手电筒），进行集体寻宝游戏，尝试一项新技能，或一起尝试一种有趣的运动体验。

• 做好准备，比如家里进行的活动（如拼图游戏、烘焙配料），或到社区里玩游戏的场所（如操场）。当时间允许的时候，你已经有了一个计划，这些准备就会很有用。

• 许多人发现，每周某个时候关闭所有电子设备是个好主意，这样家庭成员之间可以保持联结，也可以共享其他活动。

• 有时候面对面交流会自然地发生，但有时当孩子沉默或不爱说话时，就可能会有些尴尬。对于这些孩子，当关闭电脑时，考虑选择一个有趣的、没有威胁性的话题来开启谈话（比如，"如果你最喜欢的电视明星来这里吃饭，你会聊些什么呢？""如果你有力量让世界变得更好，你会做什么呢？"）。

• 在孩子没有手机之前，开车旅行途中为你提供了与孩子交流的绝佳机会，他们在这方面是被动的听众。现在，当开车时，有时候可以使用手机、电影或其他形式的分散注意力的物品，但在其他时候，你可以把汽车内作为"无技术设备"区域。

• 如果你的孩子不知道如何在周围没有朋友的时候打发时间，没有兄弟姐妹可以一起玩，也没有电子设备可以使用，那么你可以把他引入到创造性游戏的世界中。

没有电脑的游戏世界，可以是精彩的、特别的、放松的和令人兴奋的。

在金波莉3岁生日那天，她的姑姑包了一个巨大的空盒子送给她。当她打开盒子，每个人看到里面是空的，大人们都以为是她姑姑忘了在里面放礼物。随后，金波莉把这个盒子变成一张桌子、一个躲藏点、一个炉子、一个商店柜台和许多其他东西。她的姑姑告诉金波莉的父母，真正的礼物是让孩子有机会去发挥自己的想象力。

积木、乐高、洋娃娃和其他经得起时间考验的玩具都能让孩子享受其中，并且发挥想象力和创造力。有时候你可以和孩子坐在一起，问问他在做什么，他怎样才能让你参与到这个活动中，通过这些你可以鼓励孩子玩这些游戏。

本章总结

电子设备能带来许多的好处，比如更容易获得信息，沟通方便，还有娱乐功能。同时，当孩子们玩某些电子游戏，偶然发现一些不适宜的网站，在网上和陌生人互动，或误用社交媒体（有意或无意）时，也给孩子们带来很多风险。

当父母想要监督孩子使用手机、平板电脑等时，电子设备的使用也给父母带来许多特殊的挑战。本章详细探讨了孩子使用这些电子设备的优缺点。在下一章，我们将讨论一些重要的生活压力源，它们可能会引发父母的过度保护，以及孩子独立能力的下降。我们会提供一些方法帮助孩子在面对这些挑战的时候，仍能度过艰难时刻并最终茁壮成长。

第九章

特殊需求孩子的独立能力：
在特殊情况下养育独立的孩子

　　父母经常试图保护自己的孩子免受生活中的失望、压力和困难。然而，正如你在第五章中所读到的内容，有些挫折可以帮助孩子建立应对能力和信心，这样他们才能在成长为独立自主的成年人时应对困难和挑战。

　　有时候，孩子面临的逆境往往超出他们的控制范围，比如失去亲人。当这些情况发生时，孩子可能会感到不知所措或困惑不已，可能需要父母的特殊照顾，这样他们才能继续茁壮成长。行为、情绪或学习挑战也会对孩子产生重大影响。然而，重要的是要记住，这并不意味着这些孩子长大成人后一定会有什么困难。当你在一个特殊时期养育孩子时，例如，如果一名家庭成员收到严重的医疗诊断，你可能想要过度补偿这种情况给孩子带来的任何压力。当然，在这个时期，你给孩子一些额外的温和的关爱，只要简单地表达爱、支持和理解。如果你的家庭正在面临一个充满挑战性的时期，甚至在最困难的情况，也可以让孩子从你的应对策略和你关于如何处理生活压力的讨论中学习，记住这些会对你有所帮助。这样，这种经历会在孩子长大成人以后帮助他们应对其他困难。

　　在进一步阅读本章之前，花些时间思考一下，你的孩子是否经历过特殊的情况（比如，失去亲人、注意力缺陷／多动障碍、父母离婚等），如果是这样，考虑一下，你是否在引导他的时候对他过度保护了。

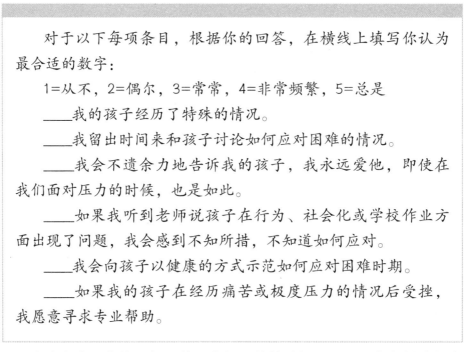

对于以下每项条目，根据你的回答，在横线上填写你认为最合适的数字：

1=从不，2=偶尔，3=常常，4=非常频繁，5=总是

____我的孩子经历了特殊的情况。

____我留出时间来和孩子讨论如何应对困难的情况。

____我会不遗余力地告诉我的孩子，我永远爱他，即使在我们面对压力的时候，也是如此。

____如果我听到老师说孩子在行为、社会化或学校作业方面出现了问题，我会感到不知所措，不知道如何应对。

____我会向孩子以健康的方式示范如何应对困难时期。

____如果我的孩子在经历痛苦或极度压力的情况后受挫，我愿意寻求专业帮助。

在本章中，你将了解一些儿童经历的特殊状况，以及你怎样才能支持和引导他们度过艰难时期。今天你教会他们的应对策略，可以应用于他们成人以后的困难情境。

如何合理应对特殊的生活环境？

在第一次经历巨大的压力后，有些儿童甚至成年人会感到焦虑，甚至情绪崩溃。当儿童和青少年没有机会学习独立应对困难的情况时，他们在成长过程中可能无法发展出应对情境策略的技能。接下来，我们会提供在特殊情境下教授孩子应对策略的一些方法。

失去心爱的人

许多孩子在童年时期都经历过失去。有些孩子在宠物死后第一次经

历死亡。有些孩子则必须处理失去祖父母或扩展家庭成员的情况。有时候，父母或兄弟姐妹去世，往往给其他家庭成员带来情感冲击和变化。当一位家庭成员去世时，孩子不仅要面对悲伤，还要应对日常生活和家庭动态的变化。

死亡对不同年龄的儿童来说意味着不同的概念。一个3岁的孩子可能会觉得死亡是暂时的，随着时间的流逝，他意识到所爱的人不再回来时，会再次因为失去而悲伤。在第二次悲伤中，当孩子试图抓住这种情境的永恒性时，确认他的情绪和支持他非常重要。首次体验失去的青少年可能以前觉得自己是无懈可击的，现在突然意识到生活是一种短暂的情境，并且意识到自己是脆弱的，他可能会有退行的表现（表现得幼稚）。

孩子经常希望或相信，如果他们的父母努力，就有能力解决一切问题。因此，如果所爱的人去世，有些儿童甚至青少年会变得愤怒和反抗，以此来表达他们对父母无力为他们改变世界的失望和恐惧。

对孩子来说，没有一种正确的方式可以做出回应，但是你可以通过一些方法来帮助孩子应对这些痛苦的经历。当一位远亲或邻居去世时，这是一个提出失去问题并向孩子示范如何应对的时机。如果宠物死去，对孩子和父母来说，这通常是一个情感波动的时刻，不要试图去最小化这个事情。这也是开始教授孩子应对技巧的适当时机。

以下是一些小建议，可以用来帮助孩子处理失去问题：

• 接纳孩子表达出来的所有感受，并把这些感受当作是可以接受的和有效的，即便你认为这些想法不符合逻辑。

• 对于那些对死亡感到愤怒和悲伤的孩子，你都必须认为他的感受是合理的。孩子经常会因为被抛弃而对逝者感到不安。

• 尝试用一种合适的方法给孩子解释死亡原因，不要让孩子担忧自己也可能会很快死亡。即使在失去一位兄弟姐妹的情况下，你也要提到一个孩子去世的可能性有多小，但是要用孩子能够理解的语言来解释原因。

• 如果你自己在哭，重要的是，让你的孩子知道哭是可以的，甚至是对失去的一种健康反应。然而，一些儿童甚至青少年可能会认为你不知所措，在你悲伤的时候无法抚养他们。因此，即使在你哭的时候，你有时也应该提醒孩子，你仍然有能力支持他。

• 处理失去亲人的仪式通常会让孩子明白在艰难时刻该做什么。这些仪式对成年人也有帮助。在葬礼、守灵或其他家庭聚会中，说一些亲切的话语，看看照片，谈一些关于逝者生前的故事，都可以给孩子带来慰藉，因为这些会让他们了解更多的期望和反应方式。

• 关于孩子是否需要参与葬礼、守灵或其他仪式，并没有明确的对与错。这应该根据每个孩子的情况来决定。你可以寻求心理咨询师的指导，以决定孩子是否需要参加其中的一些仪式，还是不参加但告知他们，或完全不参加。

• 如果孩子没有意识到一个人已经去世的事实，那么他可能会感到这个人故意在拒绝或抛弃他。因此，向孩子解释人死不能复生，这是有帮助的。

当然，即使你读了这些建议之后，帮助孩子理解死亡并继续生活下去仍然不是一件容易的事。在你的帮助下，坚持孩子习惯的生活规律，孩子能够学会应对变化。孩子可能感觉到失去重要的人，但是他能够学会向前迈进，最终继续茁壮成长。

有时候，孩子会陷入悲痛之中，挣扎着去参与生活中的活动。这在失去亲人后的几周内并不罕见。有些孩子甚至变得害怕上学，因为他们害怕如果看不到你，你也可能会去世。他们可能会害怕睡觉，因为他们害怕自己可能无法再次醒来。如果你发现孩子在悲伤的前几周后，仍挣扎于死亡恐惧或表现出焦虑，那么可以咨询一下儿童心理学家或社会工作者，他们能够提供一些帮助孩子克服这些恐惧的建议。

如果孩子持续数周感到悲伤、焦虑或愤怒，并且没有恢复到以前的生活状态，这可能是一种抑郁或复杂的丧亲之痛的迹象，而不是健康的悲伤。如果孩子的悲伤强度和悲伤时间影响到日常生活，并没有治愈，那么孩子可能会抑郁。抑郁会阻碍孩子从悲伤时期中走出来。

孩子会在经历不同的发展阶段时表达出悲伤。希望逝者在自己的生命中出现是一种正常的反应，特别是在重大事件期间，如节假期和生日。

> 克雷格在7岁时失去了父亲。在最开始的悲痛之后，他回到自己的社交、运动和学校生活。然而，克雷格的母亲回忆说，在克雷格小学毕业之前，克雷格由于父亲无法出席毕业典礼而闷闷不乐。数年后，当克雷格准备结婚时，他再次感到强烈的悲伤情绪。

如果你关心孩子是否是健康的悲伤，或者陷入抑郁或复杂的丧亲之痛，那么你还是要"有备无患"。正如前文提到的关于焦虑的问题，如果你认为孩子需要一些应对策略来重新获得对生活的关注，处理悲伤情绪，以及对失去亲人的思考，那么你可以去咨询心理健康专业人士。

分离和离婚

在过去很多年，我们了解到，分开或离婚的父母可以通过多种方式来减轻对子女的创伤。然而，即使父母的行为方式相同，也有一些孩子会比其他孩子更难适应父母离婚的情况。

许多寻求离婚的父母对不再和配偶生活会感到一些解脱，甚至在离婚过程结束后会感到更加解脱。然而，孩子认为在这些时候，他们有可能被卷入其中。因为许多孩子想要同时忠诚于父母双方，并且认为自己与父母都有联结，父母其中一方对另一方的贬低可能会对孩子和他的自尊造成无意伤害的结果。

> 12岁的马尔科姆对自己的治疗师说："我是我妈妈和爸爸的一部分。当我爸爸告诉我，我妈妈有多糟糕的时候，我觉得他好像在恨我的一部分。他为什么要这样做？"

孩子需要保护，他们的需要必须要置于父母的欲望或需要之前（比如，当卷入到敌对的离婚过程时）。有时候，思考和相信这件事会比做这件事更加简单。

离婚会让父母产生一种感觉，希望自己成为孩子眼中更受欢迎的一方，并向孩子展示另一方的缺点。你很难克制自己和孩子分享消极的现实的念头。如果你关心孩子的安危，那么你应该立即寻求法律或心理健康咨询来了解如何保护孩子。除此之外，你可以明确告诉孩子，你和另一方已经不再是夫妻，但你会在必要时和另一方共同养育他。

以下是一些能帮孩子适应父母离婚情况的建议：

• 当父母有冲突时，孩子有时候会被要求站在其中一方，或代表另一方说话。因为父母的冲突会耗费大量精力，所以孩子可能得不到更多的关注。当父母能够重视这些问题时，这会减轻父母的冲突对孩子造成的伤害。

• 离婚不是一朝一夕做出的决定，在离婚程序启动之前就应该为孩子考虑。如果离婚前父母大声吵闹、打架或争论，这些都会影响到孩子。如果父母双方同意一起努力，让孩子的成长环境更加和谐，同时减少冲突，这样对孩子会更有帮助。

• 同样，父母双方都可以告诉孩子，这段关系并非全都是消极的，因为孩子来自于这段关系。这验证了他们是有价值的。

• 确定探视孩子的时间时要把孩子放在首位，这样他们就不会错过活动，不会感到被人催促和拉扯，或感到他们的日程安排是无法预期的。

• 即使探视孩子的时间在父母看来似乎很公平，父母也应该考虑到这对孩子日常生活的影响（例如，学校、朋友、运动和活动）。

• 孩子可能会害怕非监护方的家长抛弃自己，这需要监护方传达出同样的信息，告诉孩子父母双方都会继续抚养他们（如果这是真实的安排）。

• 许多学校会给父母双方发送信息和公告，家长可以与孩子所在学校的老师谈谈，怎样做才能不对孩子造成伤害。

• 父母双方（一起或单独）应尽量与那些也指导孩子的人（比如班主任）保持联系，并表现出对活动（比如，小小联赛、学校音乐会）的兴趣。

如果父母在不争吵的情况下达成共同养育的共识，大人可能会感到更舒服，但是孩子可能仍然需要更多的时间来接纳和适应生活中的这一重大变化。从长远来看，父母双方向孩子示范，他们为了孩子可以一起合作。这会引导孩子在将来长大后能够制订应对策略来解决他可能与别人（如同事、邻居、老师）之间的问题。

有些孩子宁可父母争吵也不希望他们离婚，而有些孩子则希望脱离这种争吵状态的家庭环境。倾听并尊重孩子的观点和感受会产生很大的影响。因此，保持与孩子之间沟通的开放性，让他能够诚实地表达他对家庭生活变化的反应，这是非常重要的。这样你就可以知道他的感受、想法和需求，以及他在适应过程中是否需要一些专业干预来帮助。

重组家庭

如果你在人生某个时间点想要和其他人约会，请记住，你的孩子可能不会同意你在这个时间点约会，或是不喜欢你有约会的想法。如果你把孩子的需求放在首位，也有时间来关注自己的个人生活，那么你可以在下一步进行约会。如果你确实要约会，你不必获得孩子的允许，但是你也不必让你的孩子和你的约会对象接触。这可能会带来愤怒，在你建立一些新关系时，有些人只是在你生活中短暂出现，孩子对这种新关系还需要时间适应。

孩子想知道父母在做什么，所以你可以让他知道（根据他的年龄决定）你正在约会，并且如果新的关系看起来越来越认真的话，你会介绍他们认识。在你和一位新的伴侣生活在一起之前，你需要给孩子一些时间去了解这个人，甚至帮助他认识到，即使你身边有了新的伴侣，他仍然是最重要的。

重组家庭的情况各有不同。将来会有继兄弟姐妹吗？如果那样的话，他们的年龄相仿还是年龄相差较大？你会搬进新房子还是继续在原来的房屋内生活？每一个选择和想法都会帮助你思考如何支持和保护孩子的感受。

以下是一些需要考虑的附加事项：

• 如果你将有继子女，那么怎样才能让他们感到被关心，同时也不会让你的孩子感到受忽略、被忽视或嫉妒？

• 如果重组家庭中新成员有一些与你们家不同的传统，那么你将如何解决这个问题，使得每个人都觉得得到了承认和尊重？

• 你的孩子会和继子女共享一个房间吗？这些孩子住在一起有什么优点和缺点？他们会怎样布置房间，怎样决定谁的物品放在哪里？

• 在孩子的生活中，有了你的新伴侣参与，你怎样才能和孩子的另一位父母亲来共同养育？

• 生活在一起之前，你可以和你的新伴侣讨论一下，他养育孩子的理念，以及他将来会在你的孩子生活中充当什么样的角色。

重组家庭可以被认为是积极的，因为能够给孩子提供更多的支持，能和更多的人学习并分享经验。然而，如果另一方对新的安排感觉不舒服，并与你的孩子分享了他的感受，那么这会给你的孩子带来忠诚的问题。另外，如果一个孩子对重组家庭的创建有抵触情绪，那就不是提出要求或批评孩子的时候。倾听并反思孩子的感受，向孩子解释为什么会发生这种情况，花时间和孩子一对一谈谈，让孩子明白尽管你的生活中有了新的伴侣，但是你和他的关系并没有改变，这些都是有帮助的。

如果你的孩子还是不能接受，那么你可以寻求专业指导，让孩子了解在重组家庭中每个人如何找到自己的特殊角色，并引导孩子拥有一个更好的前景和应对策略。同时，要仔细倾听孩子的话。有时候，孩子有合理的抱怨或担忧，需要你采取行动支持他，改变现状。

当孩子面临一些个人挑战时

遗憾的是，我们不能在一本书中集中讨论孩子们可能面临的每一个挑战。然而，我们可以讨论一些常见的问题，包括注意力缺陷／多动障碍，学习障碍、学习差异和躯体障碍，焦虑和害羞等情绪。

注意力缺陷／多动障碍

当儿童或成年人无法集中注意力，或过度活跃和／或冲动性较高，或同时具有表现出这两个症状群时，他们就会被诊断为注意力缺陷／多动障碍或ADHD。虽然做出诊断会比这个要更复杂一些，不过这些症状是诊断考虑的最主要方面。儿童可能在没有多动的情况下但无法集中注意力而被确诊，或是没有注意力问题但由于多动而被确诊。

有时候，当孩子表现出ADHD症状时，父母会感到不知所措，甚至会怀疑自己的养育技巧，以及他们的孩子只是叛逆或是不愿意取悦别人。事实上，ADHD通常被认为是一种神经生物学疾病，并不是故意决定去付诸行动或故意避免集中注意力。幸运的是，现在有许多可以支持ADHD儿童的策略。

如果你怀疑自己的孩子患有多动症，那么你需要去了解更多的信息，咨询精神科医生、神经科医生或心理学家，这样你就可以了解更多孩子的情况。

8岁的尼古拉斯让他的妈妈累得筋疲力尽。科林斯太太向儿科医生吐露："尼古拉斯非常固执。他希望每件事都如他所愿。每天晚上我都会花几个小时让他坐下来写作业。他也不思考。他在家具上跳上跳下，跑到马路上也不会左右看看，还做许多其他鲁莽的事情。他也不听我丈夫或我的话。他老师还说，他在教室里经常走来走去，总是扔书和扔纸，还大声喊叫。老师和我也试过用小贴纸来激励尼古拉斯，他看起来想要那些贴纸，但是他还是继续所有的那些行为。我需要帮助。"

儿科医生把科林斯太太描述的这些症状记录下来，然后讨论可能的原因。对于尼古拉斯来说，这些原因包括：

• 对父亲在新职位中的工作时间过长，尼古拉斯对此做出了反应；

• 尼古拉斯有学习困难，这让他感到受挫和焦虑；

• 三年前他妹妹的出生，那时候科林斯太太开始担心他的冲动性和行为困难；

• 医疗问题，比如激素问题（如甲状腺、垂体、肾上腺）；

• ADHD；

• 尼古拉斯可能正在经历科林斯太太不知道的压力事件，或者科林斯太太可能认为并不是真正的压力。

儿科医生与科林斯太太仔细讨论了这些话题。因为尼古拉斯从3岁起就表现出这些症状，所以排除了第一个和第三个潜在原因。然而，那时科林斯太太并不担心，因为尼古拉斯当时还是独生子，虽然他也有一些困难，但科林斯太太有足够精力来支持他。在看到尼古拉斯的血液检查结果后，儿科医生也排除了激素原因。

儿科医生给尼古拉斯的老师们一些行为评估表，询问他们尼古拉斯在注意力集中和平静的时候学习新技能的速度。老师们把这些表格寄了回来，提到尼古拉斯学得很快，获得和记忆信息也很容易。然而，老师们也指出了他的冲动、不安以及严重的注意力不集中。

在获得所有这些信息之后，儿科医生建议科林斯太太带尼古拉斯去找一位儿童精神科医生，以确定他是否患有ADHD，以及药物治疗是否有用。科林斯太太担心药物治疗，但还是去见了精神科医生。精神科医生在回顾儿科医生的结果之后，也确定尼古拉斯的困难不是过度焦虑、恐慌或激越性抑郁症，他给尼古拉斯诊断为ADHD。当科林斯太太听到药物治疗的选择和副作用时，她犹豫地同意了尝试一下。

在几天之内，尼古拉斯就表现出一种可以坐下来、专注和合作的能力。当然，药物并不是唯一可以帮助他的手段。他也开始参加咨询，他的父母学习了一些方法来帮助他们去支持那个活力无限、有时充满挑战的儿子。

如果孩子患有ADHD，可以用以下方法帮助孩子成为一个自信、独立的成年人：

• 遵照医嘱，明智地采用药物治疗，这并不意味着你没有教育孩子去理解社会规则，并不是因为孩子不希望做对的事情和需要"服药"，而是因为需要帮助孩子调节神经生物状态。

• 老师或咨询师可能会指导你制订积极的行为矫正计划，以奖励孩子的适应性行为。

• 如果孩子在奔跑后变得更冷静，那就让他参加一些不存在冲动性问题的运动（比如，网球、跑步）。如果孩子在休息后比较平静，那么可以考虑一些冥想或正念活动。

• 你和老师可以进行头脑风暴，寻找一些可能适合孩子的调整或修正方法（比如，每晚布置更少的家庭作业）。

• 花时间与患有ADHD的孩子一起回顾本书其他章节内容。对所有孩子来说，发展挫折耐受力、执行功能技能等都很重要，但对那些患有ADHD的孩子可能需要更频繁地回顾这些话题。如果你花时间和孩子讨论如何将这些知识应用到日常生活中，这会很有帮助。

最后，任何缺乏自信心的孩子都是更加脆弱的孩子。因此，如果ADHD儿童感到自卑，对自己的行为感到受挫，不清楚为什么他们很难控制自己的冲动，或者为什么他们无法像同龄人那样专心学习功课，这些都是需要探索的重要问题。提醒孩子，ADHD症状不是他的全部，而是他需要解决的问题，这会很有帮助。花一点时间谈谈你对孩子的真实看法——他的优点和兴趣，以及为什么你爱你的孩子！这些积极的肯定可以大大提升孩子对自己的感觉。

学习障碍、学习差异和躯体障碍

任何挣扎都可以影响孩子们的能力感，从而影响他们应对世界的自信心。然而，当这些孩子学会了适应，心理韧性更强，而且意识到他们的挑战并不能完全说明他们是什么样的人时，这可以引发一些应对策略，使他们终身获益。

学校往往是孩子在家庭之外面临的第一个挑战地点。如果孩子发现同龄人很容易学会新知识，这可能会引发他对自己学业能力的挫败感和自我怀疑。学习障碍（比如，老师传统授课方式时明显学习困难），学习差异（比如，基于学习风格选择不同的教学方式），或躯体障碍（比如，走动不灵便或玩课间游戏时很吃力），都会影响孩子。

萨莎在9岁时，不喜欢上学，经常"忘记"做作业，还经常假装生病待在家里。她的父母觉得她很聪明，因为她会分享许多有创意的点子，她在3岁时就能玩拼图、画画。然而，到了四年级，萨莎的父母和老师注意到她在学校里书面语言和听觉学习方面一直很吃力。最终，萨莎接受了测试，发现她有一种基于语言的学习障碍，这严重影响到她的学业成绩。尽管有一些额外的帮助，但是这些技能仍然是她相对薄弱的领域。

当萨莎越来越大，她发现自己喜欢也非常擅长平面设计。她决定成为一名志愿者、实习生，她最终通过在该领域的工作而不是上大学来学习如何成为一名平面设计师。她的父母担心她没有接受大学教育，他们和学校指导咨询师讨论了他们的担忧。指导咨询师告诉他们，通往成功的道路有许多条，萨莎是一位聪明、有才华的年轻女性，她可以通过任何一条道路获得成功，而不仅仅是上大学这条道路。如果她感兴趣的道路无法实现她追求的目标，那么上大学对她来说是一个选择。

萨莎最终成为了一名平面设计师，后来她因其作品获得了赞誉。学习障碍影响了她的学业成绩，但这并没有阻止她，也没有阻碍她发挥潜力来获得成功。她有许多在前面章节中提到的应对策略，这些策略帮助她应对挑战，专注于自己的优势。后来，萨莎对大学很好奇，决定去上一些夜校。她很享受这些经历，以一种对她来说很舒服的速度上课，并最终为实现了一个新目标而感到自豪——获得大学文凭。

如果你怀疑孩子在学校遇到相关的功能性困难，那么以下措施会很有帮助：

• 咨询班级老师，看看你对孩子的看法是否准确，或者是否他只不过是以不同但典型的速度在发展。

• 如果孩子的老师怀疑他有一些困难，那么问一问你应该做些什么，比如获得额外的帮助、鼓励和激励去冒险尝试。

• 你或孩子的老师也许能确定（有时只要观察）孩子怎样学最合适。比如，他是否喜欢通过看、听或触摸东西的方式来学习。一旦了解这点，通过适合孩子的学习偏好方式，他就可以得到支持。

• 如果你怀疑孩子有身体上的困难（例如，大动作的活动，精细动作的协调，视觉，听觉），那么你可以咨询儿科医生，他可以推荐特定的测试。有时候，只需要一个简单的治疗方法，比如让孩子佩戴眼镜或助听器。

• 如果你或孩子的老师怀疑孩子有学习障碍或躯体障碍，这些影响了他在学校的情况，那么测评有助于确定孩子的优势和挑战，并能提出一些建议。

以下是一些你可以在家里做的事情：

• 倾听孩子对自己能力的担心和恐惧，通过总结他所说的，认真思考你所听到的内容。

• 鼓励孩子尝试新任务，强化他的努力，但是要设置与他目前能力相符的现实期待。

• 提醒孩子是什么让他与众不同，他的优势和才能是什么。

• 支持孩子进行积极的自我对话，并知道何时需要求助。

• 提醒你自己，即便有缺点的孩子也有他的优势，而恰恰是这些优势会使他取得重大成功！

多样性对一个运转良好的社会来说是非常必要的。想象一下，世界上每一个人都想进入大学，成为医生、律师、会计等等。在一个社会中，油漆工、水管工、电工、机械工人和其他人也很重要和关键。因此，当孩子开始进入学校学习时，你要关注孩子擅长的和有挑战的领域，这样，就可以为他确定高中生活方式的最优道路。这并不意味着有学习障碍的孩子无法成为专业人士。对一个特定的人来说，有许多因素让其适应一份特定的工作。显然，孩子在自己想要追求的方面也有发言权，然而你的投入会弥足珍贵。

焦虑和害羞等情绪

有些孩子表现得爱社交、外向，与他人相处时很舒服，而有些孩子则少言寡语、焦虑和害羞。有些孩子曾经看起来很外向，但是当他们经过发展阶段或人生体验以后，会变得更安静。当然，也有些孩子一开始就表现得害羞或焦虑，逐渐变得更加外向。

如果你发现孩子少言寡语，这并没有什么好担心的，尤其是在他想说话时，他具备语言技巧和清晰的交流能力。少言寡语或安静可能意味着孩子是一个观察者，他在评论以前会花时间思考。安静的孩子可能会表现得很害羞，但是也可能不是如此。有些安静的孩子在他们想说话时能够轻松表达，但在其他方面，他们更愿意保持安静和倾听的状态。有很多成年人受益于这种性格。然而，有些孩子会感到焦虑、害羞，在各种情况下都会感到不舒服，因为他们担心自己不受人喜欢，担心自己所说的话会遭到反对，或者担心自己无法掌控局面。

如果孩子在同龄人面前表现得很焦虑或害羞，那么你可以尝试以下方法：
- 弄清楚孩子是真的焦虑和害羞，还是只是因为他不想说话。
- 你可以和老师交流，了解你不在身边时，孩子如何与人互动。有时，当父母不在身边时，一个安静、焦虑的孩子会变得更加外向。

• 向老师寻求建议，帮助孩子克服焦虑，并且与同龄人相处时感到更自在。

• 如果孩子突然从外向、善于与人相处变得焦虑和退缩，那么你需要花一点时间来了解，是否发生某些事导致他的变化。如果是这样的话，了解一下具体情况，并确定是否需要干预。

• 如果孩子很害羞，同龄人可能会误以为他对他们没有兴趣（当青少年害羞的时候，他们的同学甚至会认为他们自命不凡）。因此，你可以和孩子讨论，怎样让其他人知道尽管他很害羞，但对于交友他还是很感兴趣，这会对孩子很有帮助。

• 即使害羞的孩子也可以练习和学会重要的回应方式，比如眼神交流、微笑，以及与同龄人聊天（比如，"这个周末你做什么了？"），这样其他孩子就会知道他对他们有兴趣。

• 尝试安排孩子和同龄人一起玩各种各样的游戏，这样孩子就可以和其他有共同兴趣的人一对一地玩（比如，玩合适的电脑游戏，去社区的艺术工作室）。安排简短、顺利和有条理的游戏，通常是让害羞的孩子感到更自在地扩大社交圈的好方法。

如果孩子在社交方面仍然焦虑和害羞，而且你没有看到逐渐的变化，那么可能是时候去寻求心理健康专业人士的帮助了，他们可以指导你，帮助孩子感觉更舒适。在童年时期与焦虑和害羞作斗争的孩子，可能无法充分享受童年活动和新体验的乐趣，并且他们可能对接受独立性方面的要求也会犹豫不决。

对特殊需求孩子的养育

你听说过"会哭的孩子有奶吃"这个说法吗？这句话意味着，会哭闹的孩子确实比那些乖巧的孩子能获得更多的关注。

比如，一个有躯体障碍、情绪障碍或高度反应性人格的儿童可能会被称为"难养型"儿童。你可能必须花大量时间来支持这些孩子，但是在一切安好的时候，你应该也花一些时间来加强他们的适应性和独立行为。

你可能意识到，你不仅需要监督这些孩子，还需要考虑你对他们的兄弟姐妹的关注。你可以为安静的孩子安排特别的时间，这样他们就可以得到你同等的关注，也不会怨恨他们的兄弟姐妹或者抱怨你和那个兄弟姐妹在一起时间太多，这样他们就不会认为自己必须要成为"爱哭的孩子"才能引起你的注意。

本章总结

本章里，我们探讨了一些重大的生活压力源，比如失去亲人、离婚和个人挑战（如ADHD、学习障碍、躯体障碍、害羞等）。如果你的孩子经历着这样的状况，那么考虑他的情况和需求会很重要。然而，你可以把挑战作为一个教育的机会，以建立应对策略和心理韧性，而不是任由它影响孩子追求新体验和目标的自信心和意愿。

如果你的孩子在某种情况（比如，在学校、聚会、与人聊天）下不知所措，而且你的支持也没有减轻症状，那么向老师或学校咨询师寻求建议会有所帮助。如果情况还是没有改善，也许是时候去寻求心理健康专家的帮助了。

结　语

读完本书，并使用书中的各种策略，现在你能保证你的孩子会成长为一个自信和独立的成年人吗？遗憾的是，答案是否定的！有许多外部因素的影响——同龄人群体、兄弟姐妹、老师、环境因素、世界大事、医疗问题——都会对孩子的成长和发展产生或积极或消极的影响。

艾莉和父母、兄弟姐妹以及其他家庭成员关系亲密，她从他们那里学到了很多。在高中阶段，艾莉和科学老师一起写了一篇研究论文，她对科学产生了浓厚的兴趣；她在玩曲棍球时，从教练那里学到很多体育精神。她的父母很欣慰地意识到，他们不必成为每个领域的专家，也不必成为艾莉的唯一导师。

当然，在孩子的世界里，有许多影响可能不是有益的，甚至是有害的。比如，孩子可能会受到同龄人的压力去参与一些不健康的行为。然而，你和孩子之间牢固的关系可以让他找到方法来拒绝这些行为。

正如艾莉父母所了解到的，在努力实现教育孩子将来所需的一切目标方面，父母并不是孤身奋战。如果你和孩子之间有信任的关系，可以敞开交流，那么你可以引导他去考虑在他的世界里更适合和健康的角色榜样。另外，如果孩子认为你的指导是合乎逻辑的，并且你愿意支持他，那么他可能会更愿意接纳而不是抗拒其他提供合理建议的人。同龄人也可以提供一些积极的影响，让孩子接触到一些新经验和学习方法。

如果你日复一日、年复一年地付出努力，来帮助你的孩子拥有自信、发展出执行功能技能、做出独立健康的决定、自我监督、忍受挫折、轻松地社交、合理使用电子设备、克服逆境，那么你的孩子将有更好的机会成为一个健康而独立的成年人。如果你和孩子有亲密的关系，并且教会他这些，那么你的孩子更有可能做好准备独立面对生活中的挑战，同时知道何时需要寻求指导。

提高孩子独立性的关键对话

在本书中，我们探讨了许多，但是需要记住一些关键点。比如，当你和孩子谈话时，你需要尝试：

- 解释而不是批评。
- 讨论而不是演说。
- 分享想法和你做出决定的理由。
- 花时间来考虑孩子的想法和观点。
- 提醒你自己，当孩子坚持一些你不同意的事情时，他可能会很固执，但是当他坚持你同意的事情时，他似乎也会坚持不懈。因此，帮助孩子坚持下去，意识到有时候他无法达成愿望，并且意识到何时需要妥协或谈判。
- 分享你生活中的故事，讲述你什么时候不得不放弃或改变你的目标，以及你采取了哪些步骤来进行谈判或妥协。
- 与其和孩子争论那些你不喜欢的言辞或行为，不如告诉孩子，粗鲁或不尊重的表达方式并不能让人有效地接收他的信息。
- 让孩子更主动地看待各种决定的利弊，这样他会内化决策技巧，而不是总是依赖你的存在。

附带的和意外的信息

不管孩子是否承认，父母通常对他们有着深远的影响。来自父母的表扬可能是一种强大而美妙的体验，即使孩子似乎没听见或者没有做出反应。批评和反对可能会产生不利的影响，并且降低孩子的自信心，即使孩子看起来似乎不屑一顾。

善意的父母不会反对或批评自己的孩子。有时候，批评孩子"愚蠢"、"可笑"、"不动脑筋"或"冲动"的想法和行为似乎会不由自主地产生。为人父母最困难的部分之一就是把每一个错误（孩子的或你自己的）都作为一次学习的机会。在你努力帮助孩子变得更能自我反思和不重复犯错时，记住这句格言"用蜂蜜比用醋能捉到更多的苍蝇（好话比尖酸刻薄的话更管用）"会很有帮助，这会支持孩子的努力。

即便你努力去支持和鼓励孩子，你也可能没有意识到孩子对你的面部表情、肢体语言和语音语调有多敏感。虽然我们教孩子接纳自己的不完美，但是在你自己不完美的时候也要善待自己。自我觉察、示范自我接纳的榜样，并反思你每天分享的信息，这些都非常重要。

以下是孩子误解父母所传达信息的两个例子：

当卢克没有被选进大学足球队时，他很快就同意加入后备队。他的父母得知后变得不高兴，当他的父亲生气地说教练没有选他们的儿子参加足球队是一个错误时，卢克意识到这件事对他父母来说有多重要，他觉得自己让他们失望了。然而，他的父母以为他们在支持他。

瑞秋总是点香草味的冰激凌，她的朋友一直试图让她尝尝别的口味。瑞秋总是做鬼脸说："我家只吃香草味的冰激凌。"实际上，曾经在小时候，有一次瑞秋和家人一起买冰激凌时，他们看到别的顾客点了不同口味的冰激凌，她的妈妈开玩笑地对她说："在有香草味冰激凌的时候，为什么还会有人点其他口味的冰激凌呢？"瑞秋不明白妈妈是在开玩笑，只听到妈妈这句话的表面意思，并且在她成长过程中也从未质疑。

像卢克和瑞秋这样会误解父母观点和决定的青少年，他们会受到你的观点和不易觉察信息的影响。如果你刚刚开始使用本书，你的孩子还处于青春期，那么你要知道你的投入会对孩子产生积极的影响。

那些持续努力教育孩子如何行动、如何反应和如何朝着未来目标努力的父母，是参与其中并努力养育孩子的父母。然而，对成长中的孩子来说，容易造成误解的信息可能是，父母不信任他独立决策的判断和尝试。这个话题在本书中已经反复探讨，但在此还要再次强调。

比如，如果你的孩子想在当地书店买一本适龄的书，或者买一件能代表他品味的衣服（但这不是你会为他买的东西），那么就让他自己做这些"安全"的决定吧。这些决定的结果既不是永久性的，也不会威胁到生命。

如果你的孩子意识到做了错误的决定，他说："妈妈，我讨厌这本书。""我为什么会买这件毛衣？"那么这是个很好的时机，抓住这个机会来讨论一下，有时候决定会让人失望，但是在按照愿望行动之前，花一点时间来考虑利弊会非常值得。第一手学到的教训常常会被牢记于心！

传递接力棒

从孩子出生开始，他每时每刻都在向你学习。从婴儿变成幼儿，从幼儿变成儿童，从儿童变成青少年，从青少年变成成年人，在你意识到这一点之前，你的孩子可能已经成年了。你能给孩子最好的礼物之一，就是相信孩子已经准备好应对成年世界，并且能够做出独立的决定。

在这个过程中，你或你孩子可能会跌跌撞撞。你可能会想，你是否能把接力棒传给你的孩子，让他在没有你的情况下去应对这个世界和挑战。尽管你可能对传递接力棒会感到焦虑，但是最终你必须传出去。然而，如果你的孩子和你有着亲密和尊重的关系，那么当孩子有问题、需要指导或想要获得支持的时候，你更有可能会成为孩子的一名"教练"。你甚至可以问："你想听听我的意见吗？"然后得到这样的回答："是的！"

努力工作，享受快乐的时光

本书聚焦于把孩子培养成一个独立自信的成年人所需要的重要能力。对父母来说，这不是一件容易的事。然而，当孩子长大后，你可能会回首过去的岁月，会想："时间都去哪儿了？真是时光如梭，岁月如箭。"因此，即使在所有艰难状态时，也要花时间来享受这一路上许许多多的积极体验！

享受孩子的微笑，安排时间一起玩耍，做一些你们都很喜欢的事情或首次体验的事情，花时间来欣赏孩子的成长、变化和成熟的过程。你的孩子很快就会成为一名青少年，他会希望花更多的时间和朋友们在一起，因此，现在抓紧时间来创造美好回忆，留下美好的面对面的时光。

如果有一个水晶球，你会看到自己的努力获得回报，那些外部因素不会明显影响孩子的健康成长，岂不妙哉？想象一下，凝视着这个水晶球，看到你骄傲地坐在孩子高中毕业典礼的观众席中。你的孩子现在准备进入大学或进入职场。你对自己培养的孩子充满了自豪和怀念，还有惊叹。你希望在过去的十几年里，孩子已经学会你教给他的经验，并且已经吸收进去。

你没有水晶球来预测今天或明天孩子的行为或反应。关注当下并期望孩子正在学习重要的经验。如果是这样，要相信孩子走在正确的道路上。祝你好运！